高校思想政治教育理论与实践创新研究

谢远霞　邵铁铭　王彦飞　著

延吉・延边大学出版社

图书在版编目（CIP）数据

高校思想政治教育理论与实践创新研究 / 谢远霞，
邵铁铭，王彦飞著. -- 延吉：延边大学出版社，2023.5
ISBN 978-7-230-05042-5

Ⅰ. ①高… Ⅱ. ①谢… ②邵… ③王… Ⅲ. ①高等学
校－思想政治教育－研究－中国 Ⅳ. ①G641

中国国家版本馆 CIP 数据核字(2023)第 097694 号

高校思想政治教育理论与实践创新研究

著　　者：谢远霞　邵铁铭　王彦飞
责任编辑：王志伟
封面设计：文合文化
出版发行：延边大学出版社
地　　址：吉林省延吉市公园路977号　　邮　编：133002
网　　址：http://www.ydcbs.com　　E-mail：ydcbs@ydcbs.com
电　　话：0433-2732435　　传　真：0433-2732434
印　　刷：延边延大兴业数码印务有限责任公司
开　　本：787毫米×1092毫米　1/16
印　　张：11.25
字　　数：220千字
版　　次：2023年5月第1版
印　　次：2023年6月第1次印刷
书　　号：ISBN 978-7-230-05042-5

定　　价：49.80 元

前　言

改革开放以来，我国社会面临着资源分配不均、城乡贫富差距明显等诸多问题。而思想政治理论的发展，为解决这些问题提供了明确的方向。在新时代，加强高校思想政治理论创新，对于社会主义现代化建设将发挥重要推动作用。

由于互联网的不断发展，信息传播速度越来越快，而网络信息的“良莠不齐”，致使高校思想政治教育不断受到不良思想文化的冲击及渗透。基于此形势，高校应对新的思想政治教育方式进行积极探索，研究在新形势下思想政治教育对社会主义建设的重要指导性作用，基于对高校学生思想动态的深入了解，充分利用新媒体传播优势，将思想政治教育在高校学生群体中进行广泛宣传。本书针对高校思想政治教育中的创新性进行了初步探讨。

高校思想政治教育具有比较丰富的内容，但也是一个艰巨的教育任务。思想政治教育在我国高校教育体系中是一项最重要的内容，社会主义核心价值观是其核心价值体系，高校应对学生社会主义核心价值观的正确树立进行有效引导，对高校学生加强思想政治教育。

本书有两大特点：

第一，本书结构严谨，逻辑性强，主要研究探讨了高校思想政治教育的基本理论与教学方法，为高校思想政治教育教学内容提供了理论依据。

第二，本书理论与实践紧密结合，对高校思想政治教育教学策略与教学实践应用进行了详细介绍，让教师对高校思想政治教育策略的创新有了更深入的了解。

笔者在撰写本书的过程中，借鉴了许多前人的研究成果，在此表示衷心的感谢。由于高校思想政治教育教学内容涉及范畴比较广，需要探索的层面比较深，笔者在撰写的过程中存在一定的不足，对一些相关问题的研究不透彻，提出的高校思想政治教育教学策略也有一定的局限性，恳请前辈、同行以及广大读者斧正。

前言

目　录

第一章　高校思想政治教育的基本理论

第一节　高校思想政治教育的内涵与特征

一、高校思想政治教育的基本内涵

高校思想政治教育工作对培养政治坚定、理想远大、乐于奉献的高素质人才具有十分重要的意义。面对我国社会主义建设的新形势和新要求，只有把握好高校思想政治教育的基本内涵和重要意义，才能推动高校思想政治教育不断发展，以适应培养社会主义现代化建设所需要的优秀人才。研究高校思想政治教育，首先需要对其基本概念、特征有初步的了解。本节将对这些内容做简要探讨，以使我们对其有一个基本的把握。

（一）思想政治教育的概念

思想政治教育活动自有阶级社会以来就一直存在，它是人类社会实践和阶级斗争的一项重要内容。各种类型的思想政治教育，其差别只是在政治方向、内容和方法上不同。从思想政治教育这一概念的演变过程看，政治工作、思想工作、思想政治工作、思想政治教育、政治思想工作这几个概念有着内在的紧密联系，在实际工作中，很多时候是被人们当作同一概念使用的。中国共产党诞生后，在很长一段时间里沿用了各种不同的提法，但在不同时期，使用的重点概念有所不同。

学术界对思想政治教育的内涵有着不同的论断。有的观点认为，思想政治教育就是政治思想教育，是为实现人的政治社会化而进行的教育。这里把重点放在政治思想、观念和行为的培养教育上。有的观点认为，思想政治教育主要是进行思想道德教育，促进和加强人的道德修养，培养高尚的道德品质。还有的观点认为，思想政治教育包括思想教育、政治教育、道德教育和心理教育等，内容相对宽泛。仓道来在《思想政治教育学》中对思想政治教育所下的定义：“是指一定的阶级、政治集团为实现其根本政治目的和经济利益，而对人们进行有意识、有目的、有计划的施加本阶级、本集团思想政治等意识形态方面影响的社会活动。”陈秉公在《思想政治教育学原理》中对思想政治教育所下的定义：“是一定阶级或政治集团，为了实现其政治目标和任务而进行的，以政治思想教育为核心与重点的思想、道德和心理综合教育实践。”

把握思想政治教育的内涵就要根据“思想”“政治”“教育”这三个核心词来分析。《现代汉语词典》（第 7 版）中对思想的定义为：“客观存在反映在人的意识中经过思维活动而产生的结果。”思想是思维活动的结果，属于理性认识，一般也称“观念”。人们的社会存在，决定人们的思想。关于政治的论述是思想政治教育的定义中比较一致的地方。教育区别于工作，思想政治教育是思想政治工作的一个组成部分，思想政治教育是思想政治工作的主要内容。基于上述认识，这里采用陈万柏、张耀灿在《思想政治教育学原理》中对思想政治教育所下的定义：“是指社会或社会群体用一定的思想观念、政治观点、道德规范对其成员施加有目的、有计划、有组织的影响，使他们形成符合一定社会、一定阶级所需要的思想品德的社会实践活动。”

（二）高校思想政治教育概念

1.高校思想政治教育的内涵

思想政治教育是一种教育实践活动。教育是社会按照一定的需要培养合格的社会成员的实践活动。思想政治教育有广义和狭义之分，狭义的思想政治教育专指学校教育。高校思想政治教育是指高等院校按一定的社会要求，有目的、有计划、有组织地培养学生的思想品德、政治素养和心理素质，使他们形成符合一定社会要求的社会实践活动。

高校的根本任务是培养德、智、体、美、劳全面发展的社会主义建设者和接班人。大学生的思想道德素质、科学文化素质和健康素质如何，直接关系到党和国家的前途命运，关系到中国特色社会主义事业的兴衰成败，关系到中华民族伟大复兴目标的实现。为此，必须重视高校思想政治教育，把坚持坚定正确的政治方向放在教学工作首位。

高校对学生的思想政治教育，通常与“德育”有很大的一致性。《中国普通高等学校德育大纲（试行）》中写道：“德育即思想、政治和品德教育，体现教育的社会性与阶段性，是学校教育的重要组成部分，它与智育、体育等相互联系，彼此渗透，密切协调，共同育人。高校德育对学生健康成长和学校工作具有导向、动力、保证作用，对建设社会主义物质文明和精神文明，促进社会全面进步具有重要意义。高校德育的任务，是用马克思列宁主义、毛泽东思想和邓小平建设有中国特色社会主义理论教育学生坚持社会主义方向，树立科学的世界观和正确的人生观，形成良好的道德品质，把学生培养成为有理想、有道德、有文化、有纪律的一代新人。”

高校对大学生进行思想政治教育的目的是，使大学生热爱社会主义祖国，拥护党的领导和党的方针政策，确立中国特色社会主义事业的正确政治方向；通过学习马克思列宁主义、毛泽东思想、邓小平理论、“三个代表”重要思想、科学发展观以及习近平新时代中国特色社会主义思想，逐步树立科学世界观、人生观和价值观；弘扬社会主义道德，学习为人民服务精神，具有艰苦奋斗的精神和强烈的使命感、责任感；自觉地遵纪守法，具有良好的道德品质和健康的心理素质。高校要把人才培养作为根本任务，要把思想政治教育摆在首要位置，贯穿于教育教学的全过程。教育的根本任务是育人，教育要坚持以学生为本，强调学生在教育当中的主体地位，使思想政治教育成为大学生内在的强烈需求。这就要把思想政治教育做到大学生的心里去，要贴近实际、贴近学生，努力提高思想政治教育的针对性和实效性。

2.高校思想政治教育专业的内涵

从内涵概括来讲，现如今的高校思想政治教育已经完成了由意识形态为主的内涵向以科学性为主的内涵的转变。思想政治教育学科、专业建设在高度重视意识形态性质的同时，对本学科的科学性研究正在深入。高校思想政治教育的这种科学性，反映在人类进入阶级社会以来，所有社会的统治阶级总是运用一系列范畴、原则、方法，整合社会、教育民众，开展政治动员、完成社会组织的任务，并且形成了一定的规律。从内涵体系和属性来讲，今天的思想政治教育学科已经完成了由单一的“阶级性”内涵向综合性、实践性、科学性内涵的发展，并进入到内容丰富、渐成体系、内涵凸现的崭新阶段。

这里可以将高校思想政治教育的专业内涵概括如下：高校思想政治教育，是以马克思主义哲学原理、政治经济学原理和科学社会主义原理进行分门别类研究的以事实为基础逐步形成的，是对中国化马克思主义理论和实践的科学内涵、精神实质、内在逻辑和实践进行整体性、综合性研究的专业学科。在马克思主义理论一级学科下属的诸二级学科中，高校思想政治教育是极具运用性的特殊学科。它旨在研究在马克思主义指导下的具有中国特色、中国气派的思想政治教育的基础理论、学科体系和实践总结。它至少包括：研究无产阶级经典作家关于思想政治教育的经典论著、理论基础及其形成和发展，把握思想政治教育的指导思想、理论基础、基本原则的学科体系；研究当代社会思潮与思想政治教育对象的变化，把握思想政治教育理论和实践的科学性；研究思想政治教育的内容和方式，把握思想政治教育的基本原理和方法。

3.高校思想政治教育的内容

高校思想政治教育就是要使大学生从整体上学习和认识思想政治教育的基本理论、基本过程，掌握从事思想政治教育实践的基本规律和基本方法，初步运用马克思主义立场、观点和方法，研究和分析现实社会问题、思想认识问题和社会发展问题，注重基本理论和基础知识的学习与掌握。对大学生的培养，还要注重专门知识和专业理论的学习，同时还应注重前沿知识和前沿理论的学习和研究。

至于构成高校思想政治教育的核心内容，则已逐渐形成一个相对完整的科学体系，目前可概括为五个内容三个层面：①居于最高地位的、任务最艰巨的、在思想政治教育内容体系中起支配作用的“政治教育”；②最经常的、最普遍的、具有认知性特点的“思想教育”；③处于最底层、最具基础地位和最基本特点的是“道德教育”“心理教育”和“法纪教育”。其中，“政治教育”是信仰性教育，重在灌输、主导和控制；“思想教育”是认知性教育，重在启发、说理和引导；“道德教育”是规范性教育，重在内省、养成和自律；“法纪教育”是保障性教育，重在强化、自制和他律；“心理教育”是自励性教育，重在劝导、激励和体验。

4.高校思想政治教育的“主渠道”与“主阵地”

（1）主渠道

课堂作为思想政治理论教育的“主渠道”，主要是有计划、有目的、有组织地对学生进行系统的思想教育、政治教育、道德教育、社会主义法制教育，帮助大学生树立正确的世界观、人生观、价值观，培养和践行社会主义核心价值观，增强 “四个意识”，坚定“四个自信”，坚决做到“两个维护”，帮助大学生形成对马克思主义的正确理论认知，并用马克思主义的立场、观点、方法去解决实际问题的能力。

从历史发展过程来看，各个时期面临的形势不同，“主渠道”的侧重点也有所不同。2004 年，中共中央、国务院发出的《关于进一步加强和改进大学生思想政治教育的意见》中指出，“高等学校思想政治理论课是高校思想政治教育的‘主渠道’”。作为高校思想政治过程中非常重要的环节，高校思想政治理论课承担了高校思想政治教育工作中的大量工作，因此党和国家对高校思想政治理论课非常重视，对课程的指导思想、基本原则、教学安排和师资队伍建设都做了详细的规定，各高校严格按照要求去执行，思想政治理论课也起到了它应有的作用。但在高校各专业的培养方案中，思想政治理论课毕竟所占学分较少，更多的学分集中在通识教育课和专业课程，如果这些课程所讲授的内容与思想政治理论课所传递的价值观相悖，那么思想政治理论课就成为了“孤岛”。只有其他课程与思想政治理论课形成协同效应，才能消除思想政治理论课“孤岛”的问题。之前高校思想政治教育工作主要通过思想政治理论课教育课堂来实现，随着时代的变化，“主渠道”从思想政治理论课堂向所有课堂延伸。在今后的教学改革中，要充分挖掘各类课程的思想政治教育功能，让各类课程与思想政治理论课形成协同效应，在从“思政课程”转向“课程思政”的过程中拓宽“主渠道”的范围，同时丰富“主渠道”的科学内涵。

（2）主阵地

大学生日常管理作为思政教育工作的“主阵地”，通过开展各类校园文化活动进行思想政治教育工作，引导大学生树立正确的世界观、人生观和价值观，促进大学生成长成才。

随着时代的变化，大学生的日常生活也发生了很大的变化。首先从环境来看，经济社会迅猛发展和信息传播的全球化加速，当代大学生日常生活面临的环境更加复杂，接触信息呈几何倍数增长，网络时代的各种负面甚至有害信息也在不断冲击大学生的视听；其次是大学生自身的变化，“00后”大学生已经进入校园，思维活跃，善于接受新事物，对传统的思想政治教育内容和方法缺乏热情。

随着移动互联网的到来，大学生的日常生活发生变化，日常思想政治教育工作也要随之发生变化。以前是“学生在哪里，思想政治教育就在哪里”，现在转变成“学生在哪里，学生思想活动在哪里，思想政治教育就在哪里”。日常思想政治教育工作不仅仅要关注大学生人在哪里，还要关注大学生在干什么，他们的思想、他们的活动在哪里。因此，高校思想政治教育工作的“主阵地”也随之拓宽了很多。同时，从事日常思想政治教育的队伍也在壮大，思想政治教育不再是辅导员一个人的事情，所有人都应该参与到思想政治教育工作中去。

（二）高校思想政治教育主要任务

高校思想政治教育的内容十分广泛，这些内容共同构成了高校思想政治教育的主要任务。

第一，要以理想信念教育为核心，进行正确的世界观、人生观和价值观教育。大学生应树立正确的理想信念，培养高尚的道德情操。高校要积极引导大学生不断追求更高的目标，确立马克思主义的坚定信念；要教育大学生树立在中国共产党领导下走中国特色社会主义道路、实现中华民族伟大复兴的共同理想和坚定信念。世界观是人们对生活在其中的世界以及人与世界的关系的总体看法和根本观点。人生观是世界观的重要组成部分，是人们在实践中形成的对于人生的目的和意义的根本看法，它决定着人们实践活动的目标、人生道路的方向和对待生活的态度。价值观是人们关于什么是价值、怎样评判价值、如何创造价值等问题的根本观点。世界观、人生观和价值观教育对于高校思想政治教育是非常重要和必要的，它符合大学生这个年龄段的认知特点，对于大学生正确看待自己、人生和社会有着至关重要的意义。

第二，要以爱国主义教育为重点，突出弘扬和培育民族精神教育。爱国主义是中华民族的优良传统，是中华民族生生不息、自立于世界民族之林的强大精神动力。“以热爱祖国为荣，以危害祖国为耻”，做一个忠诚的爱国者，是对当代大学生的基本要求。中华民族是富有爱国主义光荣传统的伟大民族，在五千多年的历史发展中，形成了以爱国主义为核心的团结统一、爱好和平、勤劳勇敢、自强不息的伟大民族精神。培育大学生的爱国主义精神，就是要让大学生了解祖国悠久的历史文化和优良传统，了解我国的基本国情，认清祖国的美好未来和自己的社会责任，培养爱国主义情感。爱国主义是一个历史范畴，有着鲜明的时代特点，在社会发展的不同时期、不同阶段有不同的具体内涵，随着时代的发展而不断注入新的内容。通过让大学生了解历史，懂得只有社会主义才能救中国、才能发展中国的真理，积极为社会主义现代化建设做准备。

第三，要以基本道德规范为基础，进行公民道德教育。大学时期是人生道德意识形成、发展和成熟的重要阶段，在这个时期形成的思想道德观念对大学生一生影响很大。大学生要继承和弘扬中华民族优良道德传统，全面把握社会主义道德建设的核心、原则，自觉恪守公民基本道德规范，努力养成良好的道德品质。要教育大学生了解道德及其历史发展，坚持以为人民服务为核心、以集体主义为原则，树立社会主义荣辱观，学习社会公德、职业道德和家庭美德，自觉遵守基本道德规范，努力提高思想道德素质。

第四，要以大学生全面发展为目标，深入进行素质教育。以素质教育为依托，拓展高校思想政治教育的内容，促进大学生思想道德素质、科学文化素质和身心素质的协调发展。要想促进大学生全面发展，就要十分重视大学生的心理健康教育。现代社会的竞争与发展，使大学生的心理问题日益突出，要根据大学生心理特点，有针对性地开展心理辅导，提高大学生的心理调适能力。

（三）实现高校思想政治教育主要任务需要坚持的原则

高校思想政治教育内容包括政治教育、思想教育、道德教育、法制教育和心理教育等内容，是一个相互联系、相互渗透的统一体。同时，高校思想政治教育任务的实现，需要坚持科学性、时代性和规范性的原则。

1.科学性

思想政治教育的科学性是指思想政治教育的开展要符合思想政治教育的规律，它是实现思想政治教育实效性的理论基础。根据思想政治教育的规律开展思想政治教育实践，是其科学性的基本要求，也是解决其低效问题的根本办法。以科学性为基础，充分发挥规范性与合情性教育优势，是增强思想政治教育实效性的重要途径。

2.时代性

思想政治教育的时代性是指思想政治教育内容要把握时代主题，不断拓宽教育领域，从符合时代要求的思想和观念中提炼鲜活的教育资源，不断赋予高校思想政治教育以鲜明的时代特征、时代内容和时代风格。思想政治教育的时代性要求教育内容紧密联系当今时代重大现实问题和大学生的实际，使教育富有生机和活力。

3.规范性

思想政治教育的规范性是指思想政治教育在传统的理论教学和思想教育的同时，还应该以大学生全面发展为目标，注重加强民主法制教育，增强遵纪守法观念。规范性是实现实效性的有效保障，也是思想政治教育目标在思想政治教育对象法治意识和行为规范上的具体体现。

二、高校思想政治教育的特征

高校思想政治教育的目的就是要使大学生树立正确的世界观、人生观和价值观，成为有理想、有道德、有文化、有纪律的一代新人。高校思想政治教育具有政治性、时代性、民族性和综合性的特征。

（一）高校思想政治教育的政治性特征

思想政治教育的本质在其政治性。高校思想政治教育是为谋求一定政治利益而产生的。高校思想政治教育的内容非常丰富，但是方方面面都体现一定的政治色彩。高校思想政治教育对人的自由全面发展是通过政治途径实现的。

（二）高校思想政治教育的时代性特征

高校思想政治教育要紧跟社会发展要求，具有鲜明的时代性特点。这一特点主要体现在高校思想政治教育的内容上。教育内容中包括当前党的路线、方针、政策等现实的内容，以及这些内容的理论来源和现实依据，这些构成了一个具有内在联系的系统。因此，我国的思想政治理论教育内容必然包括学习马克思列宁主义、毛泽东思想、邓小平理论和“三个代表”重要思想、科学发展观以及习近平新时代中国特色社会主义思想等内容。这些内容的学习紧密联系当今理论发展，对大学生理解理想信念教育、爱国主义教育、人生观教育、道德理论教育等具有现实意义。思想政治教育也只有融入新时代的理论内容，理论教育才具有生命力，才更容易被大学生掌握。时代性特征体现在思想政治教育内容中，就是要使理论联系实际。这就要求思想政治教育者有高度驾驭理论与解决实际问题的能力，才能解释好实践中的热点与难点，使思想政治教育更具有说服力。

（三）高校思想政治教育的民族性特征

民族是一种自然的历史存在，是人类社会性存在的一种形式。中华民族在几千年的历史发展中形成了稳定的民族情感和丰富的民族文化，这些都是思想政治教育的重要内容。中华民族精神源远流长，思想博大精深，是中华民族生命力、凝聚力、创造力的不竭源泉，是高校思想政治教育的重要组成部分。

（四）高校思想政治教育的综合性特征

高校思想政治教育内容是一个综合性的教育内容。高校思想政治教育是综合运用马克思主义理论，对大学生进行理论教育。马克思主义是对社会发展和人的发展进行综合性研究的理论成果，其研究领域覆盖政治、经济、文化、社会和人的思维等多个层面。思想政治教育是做人的工作，要运用包括哲学、政治学、教育学、社会学、历史学和伦理学等多学科的内容，开展丰富多样的教育。同时，还要综合协调各方面的力量和利用各种教育途径和方法实施思想政治教育。以上都体现出了思想政治教育的综合性。

第二节　高校思想政治教育的价值和目标

一、高校思想政治教育的价值

（一）高校思想政治教育价值的内涵

高校思想政治教育从本质上来讲，是一种精神生产活动。所谓高校思想政治教育的价值，是人和社会在高校思想政治教育实践，即认识活动中建立起来的，以人的思想政治品德形成和发展规律为尺度的一种客观的主客体关系，是高校思想政治教育的存在及其性质是否与人的本性、目的和需要等相一致、相适合、相接近的关系。这种关系是高校思想政治教育在其教育活动和社会关系中合乎人的发展（尤其是思想品德的形成和发展）和人类社会进步（尤其是精神文明的进步）的目的而呈现出的一种肯定的意义关系。简言之，现代高校思想政治教育的价值，是高校思想政治教育对人和社会生存、发展的“意义”“益处”或“有用性”。从表现形式上看，它属于精神价值，但可以转化为物质价值。

（二）高校思想政治教育价值概述

高校思想政治教育的价值，用传统的概念来表述，就是高校思想政治教育的意义、功能、地位和作用，“价值”是对“地位、作用”的理论抽象和哲学概括。在中国共产党的历史上，对高校思想政治教育的地位、作用有过许多经典的表述，如“生命线”“中心环节”“政治优势”等。一般来说，高校思想政治教育的“地位”，是指高校思想政治教育在社会结构和社会生活中所占的位置；高校思想政治教育的“价值”强调在社会发展和人的发展过程中，高校思想政治教育所起到的作用，即其存在的意义。从它们各自的界定来看，高校思想政治教育的价值、地位之间有着密切的联系，只有将高校思想政治教育的价值放到明确的位置，才能更好地发挥高校思想政治教育的作用。

（三）研究高校思想政治教育的意义

高校思想政治教育的价值问题，不是今天才出现的新问题。但事物是变化和发展的，随着政治、经济各方面条件的变化而变化，在新的历史条件下，时代主题也与原来有所不同，这就出现了工作重心的转移和经济价值的凸显，使得一些人对高校思想政治教育的价值产生怀疑，轻视高校思想政治教育的倾向有所抬头。与此同时，就世界大的发展形势而言，世界政治经济格局发生了巨大的变化，经济全球化和科技革命迅猛发展；就国内形势而言，中国正在适应大的形势需要，正在进行社会主义制度的自我完善和发展，这就使得高校思想政治教育的任务更加神圣和艰巨，面临着更加严峻的挑战。因此，重新审视和研究高校思想政治教育的价值，具有十分重要的理论意义和现实意义。

（四）重新审视高校思想政治教育价值的背景

1.重新审识高校思想政治教育的价值是时代提出的客观要求

自中华人民共和国成立以来，我国经历了从“冷战”到经济大发展的重要变革。在“冷战”时期，政治运动和意识形态批判成为经常性的活动，政治教育的必要性和重要作用自然也就很少有人怀疑。而在经济大发展的社会环境下，发展经济成为世界性的潮流，和平与发展成为时代的主题。在这样的时代背景下，我们党实现了工作重心的转移，确立了以经济建设为中心、坚持四项基本原则、坚持改革开放的基本路线。于是，经济成为世界和我国社会的主导因素，经济的地位、经济的价值在社会生活中空前凸显。

经济的价值凸显以后，还要不要讲政治？在党的工作重心转移到经济建设之后，如何认识高校思想政治教育的地位与作用，就成为人们普遍关心和有待进一步明确的问题。在这个历史性的转换过程中，自然会发生许多矛盾和曲折，人们的认识也不可能一下子到位。问题的复杂性还在于，我们不仅面临着因时代的转变而带来的价值观变化，而且还面临着我们对过去“左”的政治思想的清算和批判，面临着对“政治冲击一切”“代替一切”的错误倾向的矫正。那种将政治凌驾于一切之上、与经济工作对立的做法，过分强调高校思想政治教育的作用、过高看待政治思想价值的倾向自然又会在这种清算和矫正过程中受到人们的重新审视。高校思想政治教育要从高高在上、自我中心转变为服从、服务于经济建设，为现代化服务。

新旧价值观的转换，不会也不可能一下子正确到位，不可避免地会出现许多矛盾。因此，在重新认识高校思想政治教育价值的过程中，也出现了一些问题和偏差。这些矛盾和问题集中表现在以下几个方面。

（1）从高度集中的政治化管制、道德化约束向以经济为中心的相对比较自由的社会价值体系转变，在这个过程中，又出现了极端的经济物质价值观，使整个价值倾向由一个极端走向另一个极端。

（2）在否定错误政治、道德观念及高校思想政治教育的过程中，出现某些个体否定政治、道德以及高校思想政治教育本身价值的倾向，使价值取向产生缺失。

（3）从原来封闭的、计划经济制度影响下的高校思想政治教育及道德观念，向相对自由的、开放的、市场经济条件下的高校思想政治教育及道德观念转变，在这个过程中，缺乏一个能掌控全局的有力的导向，从而出现了一些滞后的现象。

以上所说的这些矛盾多种多样，而且每个矛盾都有不同的表现形式，但无论是什么样的矛盾，归根结底就是该如何审视高校思想政治教育过程中所发挥的作用，也就是高校思想政治教育价值。事实上，没有一种社会的价值取向是单一的，否则就会使社会发展失衡并付出惨重的代价。所以，人类社会在曲折的发展过程中，总是坚持不懈，试图寻找一种合理的张力来协调各方面的发展，使政治、经济、文化三者协调发展，互补互助，不相冲突。但是，在人类社会的发展历程中，单一价值取向的问题却越来越凸显。现代社会，对这个问题变得更加敏锐和自觉。社会主义社会是高级的社会形态，是全面发展、全面进步的社会，因此社会形态的客观要求就是物质文明、精神文明、政治文明三者之间的相互协调和高度发展。社会主义精神文明的根本任务以及最终目标和要求，是在客观上要求在全社会形成共同理想和精神支柱。这就进一步明确了我国高校思想政治教育的价值取向和定位，为解决思想道德领域的复杂矛盾提供了价值准则和明确导向。

2.充分认识高校思想政治教育的价值是回应挑战、增强综合国力的需要

我国的现代化建设是在对外开放的大背景下进行的，以积极的姿态走向世界，主动加入全球化进程是中国的理性选择，更重要的是，我们要在这一过程中坚持走自己的路，建设中国特色的社会主义，这无疑将使我们面临巨大的压力和挑战。从国内的情况来看，改革开放以来，我国一直在审视走过的发展历程，总结以往的经验教训，对怎样发展、实现什么样的发展进行了深刻的探讨和研究，紧跟时代的步伐，选择科学的发展。科学的发展必然和全球化进程有着千丝万缕的联系，全球化也正在迅速改变着我国的政治、经济和社会生活。这些客观存在必然在人的主观意识中反映出来。也就是说，这些都与思想意识紧密相连，必将在思想领域有所反映。如果忽视了全球化，忽视了全球化给大学生思想政治领域带来的影响，我们就会割裂思想政治与经济文化等的联系，将其放在一个孤立的位置，从而就会失去思想意识领域中的优势，也没有领导该领域的权力。

全球化是一个日益加重的变化过程，伴随而来的是日益加重的综合国力的竞争和较量。而综合国力的竞争既包含国家硬实力的竞争，又包含国家软实力的竞争。国家软实

力又涵盖了文化、意识形态等内容，这些内容的地位和作用也就越加凸显出来，它们是新的力量来源甚至是更重要的力量来源。归结为一点，就是国际竞争中，除了经济以外，文化和意识形态也是相当重要的竞争领域。经济落后会挨打，文化的衰竭、僵死，意识形态的动摇、分裂，则会使政治统治丧失合法性，不打自倒。因此，思想意识领域问题正越来越成为全局性的问题。

3.正确认识高校思想政治教育的价值也是社会发展观变革的必然要求

社会发展是一个世界性主题。按照社会学的定义，社会发展是一种积极的社会变迁，是社会的一个过程。特定意义的社会发展则指社会的现代化。社会发展是一个富有时代特征的概念，它的含义与观念随着实际发展进程的深入，以及发展区域的不断扩大日趋丰富合理。特别是全球化进程在全球掀起了一股浪潮，它对世界现代化产生了前所未有的影响。各国在现代化发展的思想观念上逐渐发生了变化。

可以说，从以往单独地重视物质的、纯经济的因素到逐渐开始并加大力度重视精神、文化、环境等诸因素的和谐发展，从单一的经济增长到社会全面发展，从物的现代化到人的现代化，反映了时代的进步和人的自觉意识的增强。

（五）新时期高校思想政治教育的合理定位

传统高校思想政治教育，在我国社会主义革命和建设中起过很大作用，这种作用是在特定历史条件下，为完成特定任务而发挥出来的。在相当长的时间里，“阶级斗争”“政治运动”在我国社会中处于中心位置，“政治”可以冲击其他，“道德”高于一切。今天，在进行社会主义现代化建设的条件下，如果仍坚持推行“政治中心”“道德至上”的价值观念，不可避免会产生两种结果：一种是政治中心、道德至上的取向，必然使经济、业务处于从属的甚至被忽略的地位，政治、道德价值的孤立凸显，也必定使其增强统领性、削弱服务性，而服务性的削弱又使其脱离服务对象——经济、业务，出现“两张皮”现象；另一种是政治中心、道德至上的取向，也必然使人们的实际利益得不到应有的关照而被忽视，与人们休戚相关的经济价值、业务价值并不会因为政治与道德价值的孤立凸显而长期退避。当人们感受不到脱离实际的抽象政治、道德的价值时，就会把它作为一种外在的东西，采取应付、逃避的态度，教育上的形式主义、教条主义也就随之产生。这两种倾向的实质，仍是高校思想政治教育的价值问题。

因此，进入新的历史时期后，随着党的工作重心的转移，新的形势与任务不仅要求我们重新认识高校思想政治教育的价值，同时也要求高校思想政治教育（工作）正确而合理地定位。这一定位要放在当前我国经济转型的大背景之下。当前我国经济正处于深度变革时期，削减产能过剩行业在经济发展中的比重，辅助新兴产业的发展，已经成为我国当前经济发展的一个重要目标。实现这一目标的关键动力就是创新。因此，高校思想政治教育要在坚持传统高校思想政治教育观念的基础上，把培养大学生创新意识作为高校思想政治教育价值的另外一个重要内容。因此，在新时期，高校思想政治教育的价值定位要放在大学生政治观念和创新观念的培养上。

二、高校思想政治教育目标

（一）当代思想政治工作目标的内涵

进入 21 世纪，思想政治工作面临着一个全新的环境。和平与发展是当今时代的主题，世界格局由两极世界转向多极世界，再加上经济全球化浪潮的影响，世界政治、经济、文化格局，包括意识形态领域等方面都发生了重大变化。我国正处于一个社会转型期，经济体制正由传统的计划经济转向社会主义市场经济体制，党的工作开始以经济建设为中心。新时期加强和改进思想政治工作，就是为了更好地统一全党全国人民的思想，培养“有理想、有道德、有文化、有纪律”的社会主义新人，调动广大人民群众的积极性，进行以经济建设为中心的社会主义建设事业。

这一时期，思想政治工作目标的内涵，是依据社会的发展需要和人的发展需求确立的。它以客观条件为依据，受客观条件的制约和检验，是科学的、明确的。

1.反映了时代要求和中心任务的需要

当代高校思想政治教育工作的最终目标是为社会主义建设事业服务，它紧跟时代步伐，反映了我们党和国家奋斗目标的时代要求，反映了党在新时期的中心任务的需要。就我党的最终奋斗目标，是要达到并实现共产主义，从社会主义的初级阶段走向社会主义高级阶段。马克思主义社会经济学对共产主义制度的阐述和构想是，共产主义社会的实现不是一蹴而就的，它和任何新生事物一样，都要经历一个从萌生、发展到成熟的曲折过程，这个过程对于共产主义社会而言，是一个漫长的历史发展过程，它不是一下子就走向成熟的，中间会经历许多历史阶段，每个历史阶段的发展目标不同，因而任务、特征、难易程度和历程等也不同。

我国对于共产主义的理解和实践有着鲜明的中国特色，在每一个发展阶段，我国的社会经济、政治、文化的发展水平不同，党和政府会根据这些具体的现实情况的不同，确定出每个时期的中心任务。根据目前我国各个方面的发展情况，可以明确我国当前并将在未来的很长时间内都处于社会主义初级阶段，这个大前提，决定了我国建设社会主义现代化，最终实现共产主义要先踏实走过这个社会主义初级阶段，而不能逾越这个历史阶段。在这个初级阶段中，党提出了相应的基本路线与纲领，即把我国建设成为富强、民主、文明的社会主义现代化国家的奋斗目标。

为了和社会主义初级阶段的国情相适应，思想政治工作的总体任务和具体任务就要有一个明确的定位，不仅应努力提高人们对社会发展规律的科学认识、激发人们为实现远大理想而奋斗的热情、毅力和斗志，还应围绕现阶段党和国家的中心任务，坚持科学发展观，怀有中国梦，在坚持人民群众是实践的主体，是历史的创造者的基础上，发挥人民群众的能动作用，引导并带领群众既要搞好物质文明建设又要搞好精神文明建设，在谋求经济发展的同时还要达到人的精神文化和其他素质（包括道德素质、思想文化素质、心理素质等）的提高，真正起到宣传群众、动员群众、组织群众的作用，使思想政治的最终成果达到从群众中来到群众中去，真正做到帮助群众，依靠群众，帮助广大人民群众达成共识、共同投身于建设中国特色社会主义的事业，满足党和国家事业的需要。反之，如果我们不能让群众积极地加入到建设队伍中来，不能让群众理解、支持党的政策，把思想政治工作搞成形式主义的说教，甚至说假话、空话、大话，导致了群众严重的抵触情绪，不信任党，不理解党领导的事业，不能与党和政府同心同德，为共同的事业而奋斗，就表明我们的工作出了大问题，必须进一步加强与改进。

2.反映了工作对象的思想政治品德现状和发展的需要

高校思想政治教育工作的最终目的是为社会主义建设事业服务，因此它的首要目的是提高人们的思想觉悟和认识水平。要使理论能够结合实际，用到现实的生活中来，用马克思列宁主义、毛泽东思想、习近平新时代中国特色社会主义思想理论体系武装人们的头脑，提高人们的思想道德素质，从而加强人们认识世界、改造世界的能力。

高校思想政治教育工作的展开涉及传播者和工作者两个具体的对象，思想政治工作其实质就是思想政治的授收过程，因此思想政治工作目标和高校思想政治教育工作对象的客观状况有着很密切的联系。工作对象的客观状况具体包括三个方面：一是工作对象自身的思想政治品德现状；二是根据其知识结构水平、思想认识、身心发展的实际情况，工作对象思想政治品德的形成、发展和变化规律；三是工作对象把思想政治品德“外化”为实践、知行统一、行为践履的客观状况。

所以在实际工作中，我们必须对工作对象及广大人民群众的思想状况作详细考察，既要认识到一些不良的思想行为，如极端个人主义、拜金主义在相当范围内的泛滥，又要认识到人民群众有高度的自我教育和改造能力，可以通过细致到位的思想政治工作克服这些不良思想倾向的影响，这样才能科学地把握现阶段思想政治工作目标的内涵要求。反之，如果对工作对象的思想实际了解不深、掌握不多，甚至一无所知，对工作对象的思想行为发展趋势不能准确地把握预测，那就好像农民不懂庄稼、医生不懂病人、教师不懂学生一般，便会出现思想政治工作者把工作内容强加于对象，使工作陷入唯心主义泥潭的局面。其实，这种现象在实际工作中并不少见，有些思想政治工作者，不仔细研究工作对象客观状况，不以改造工作对象的思想行为为己任，在他们的工作中，不针对工作对象的思想状况，体现不出工作对象的个性特征，当然也实现不了提高工作对象认识水平的目标要求。我们加强和改进思想政治工作，就必须认识到思想政治工作目标反映的这一要求，从而摒弃那种“空对空”的工作方式。

总之，思想政治工作的目标是依据并顺应社会发展的客观要求提出的，是为完成认识世界和改造世界从而推动社会发展的历史使命提出的，它反映了客观世界发展的本质规律。科学的思想政治工作目标，面向着客观世界、依赖于客观世界，客观世界规定了目标的内容和性质。目标所体现的党和国家的奋斗目标、工作对象的思想状况、历史实践的需要，都要受到社会客观条件的制约。我们只有根据目标所反映的客观要求加强和改进思想政治工作，才能使工作紧跟形势，体现出时代特色，适应需要，推动社会发展。

（二）当代政治思想教育目标的内容

1.政治目标

政治目标就是当代高校思想政治教育在政治素质方面的目标。思想政治工作首先应帮助人们具备基本的政治要求，即用爱国主义思想教育工作对象，使其成为一个忠诚的爱国主义者；其次，应使人们努力学习马克思列宁主义、毛泽东思想、邓小平理论、习近平新时代中国特色社会主义思想；再次，还不应忽视帮助人们树立社会主义民主法治观念，使广大人民群众都能知法、懂法、守法，并学会运用法律武器保护自己的合法权益，维护社会的稳定。

2.思想道德目标

思想政治教育在思想道德方面也有着重要作用。要使人们在继承传统美德的基础上，发扬社会主义道德，树立以为人民服务为核心、以集体主义为原则的道德观，从而能正确处理个人、集体、国家之间的利益关系，当个人利益与集体利益、国家利益发生矛盾时，自觉地以个人利益服从集体利益、国家利益，从而使良好的社会公德、职业道德和家庭美德在全社会得到进一步的弘扬。

3.观念能力目标

思想政治工作应进一步解放人们的思想、克服旧观念的束缚，帮助人们树立适应社会主义市场经济发展的竞争、自主、平等、创新、开拓等新观念；培养人们的观察能力、分析能力、辨别能力、创新能力等，特别应帮助广大人民群众能自觉识别和抵制封建主义、资本主义腐朽思想、迷信思想的侵蚀，树立科学观念。新时期思想政治工作还应注意人们的心理健康问题，帮助人们加强在激烈竞争的环境中的心理承受力和心理调适能力，使之具备良好的心理品质，培养自尊、自爱、自律、自强的优良品质。还应注重工作对象的善恶观念和审美能力的提高，帮助人们树立正确、健康的审美观，提高人们辨别美丑、创造美的能力。

第三节　高校思想政治教育改革方法

在新时代，面对经济全球化的浪潮、改革开放和社会转型的变革、网络信息技术和信息网络化的快速发展的新形势、新特点，高校大学生思想政治教育也面临着许多新情况、新问题和新挑战，亟须进一步加强和改进。有很多深层次的问题需要我们正视它，分析它，解决它。比如，随着全球经济化不断发展，各种思想文化相互激荡，如何用马克思主义武装青年学生，引导青年学生吸收人类优秀文明成果，同时批判、抵御西方腐朽落后思想文化？如何引导大学生正确认识当今世界错综复杂的形势，把握国际局势的发展变化和人类社会的发展趋势？随着改革开放和社会主义市场经济体制改革的不断深化，大学生思想活动的独立性、选择性、多变性、差异性明显增强，如何弘扬主旋律，广泛深入地进行爱国主义、集体主义和社会主义教育，引导青年学生坚定中国特色社会主义信念？如何引导大学生正确认识国情和社会主义建设的客观规律，加快推进社会主义现代化的自觉性和坚定性？随着科学技术特别是信息技术的迅猛发展，如何积极主动地运用现代科技手段，使正确、积极、健康的思想文化占领网络阵地？随着高等教育规模的不断扩大和改革的不断深化，如何准确把握当前学生思想、生活、学习的特点，有针对性地加强高校思想政治教育？如何引导大学生正确认识肩负的历史使命，努力成为德智体美劳全面发展的中国特色社会主义事业的建设者和接班人？所有这些问题，都是高校思想政治教育和高校思想政治理论教育面临的新问题，加强和改进高校思想政治教育是一项极为紧迫的重要任务，也给高校思想政治理论教学方法体系的改革提出了全新的要求。

一、树立以人为本、素质教育的理念

时任联合国国际21世纪教育委员会主席雅克·德洛尔（Jacques Delors）在《论未来教育》一书中讲到，学会求知、学会做事、学会共处、学会做人，是未来教育的四大支柱。2010年，我国召开了新世纪以来的第一次全国教育工作会议，出台了《国家中长期教育改革和发展规划纲要（2010-2020年）》（简称《纲要》），提出：要着力提高学生的学习能力、实践能力、创新能力，教育学生学会知识技能，学会动手动脑，学会生存生活，学会做人做事，促进学生主动适应社会。这些思想反映了未来教育发展的客观规律和基本趋势，体现了素质教育的基本理念和客观要求。

全面建设现代化国家的目标，要求大学教育和思想政治教育应该按照知识、能力、素质协调发展的目标，构建自己的人才培养模式。整个大学教育，包括高校思想政治理论课教育教学的质量目标，就是培养全面适应实际需要的基础扎实、知识面宽、能力强、素质高的德、智、体、美、劳全面发展的社会主义建设者和接班人。从知识、能力、素质的关系看，知识是能力和素质形成的基础，能力是知识的外化，能力在本质上是一个人智力品质的表现，而素质则是一个包括智力因素也包括思想、品德、情感、意志、心理等非智力因素在内的综合范畴。有研究表明：非智力因素是人的素质的重要组成部分。

《纲要》指出：坚持以人为本，全面实施素质教育是教育改革发展的战略主题，是贯彻党的教育方针的时代要求，其核心是解决好培养什么人、怎样培养人的重大问题，重点是面向全体学生、促进学生全面发展，着力提高学生服务国家、服务人民的社会责任感、勇于探索的创新精神和善于解决问题的实践能力。以人为本、德育为先，能力为重、全面发展，是素质教育的核心内容和根本要义。《纲要》还将以人为本作为教育工作的根本要求。把促进人的全面发展、适应社会需要作为衡量教育质量的根本标准。把促进学生健康成长作为学校一切工作的出发点和落脚点，努力培养造就数以亿计的高素质劳动者、数以千万计的专门人才和一大批拔尖创新人才。

高校思想理论教育教学要贯彻落实《纲要》精神，要想在素质教育上有所作为，就必须树立坚持以人为本、德育为先，能力为重、全面发展的教育理念，通过各种思想理论教育渠道，使教育对象不仅具有党和政府所需要的思想政治素质，而且具有能够适应未来工作和生活的心理素质，不仅具有良好的道德素质和顽强的意志品质，而且具有积极的心态和良好的合作精神与团队精神。同时，经济全球化和全面建成小康社会的伟大壮举，更新了人们的思想观念，开阔了人们的视野，为大学生成长成才提供了广阔的舞台，也对高校思想政治理论课教育教学提出了新的更高的要求。在新形势下要求思想政治教育工作者树立开放的观念，科学地分析和对待本民族优秀传统文化，学习和借鉴国外优秀的文化；经济全球化要求思想政治教育工作者必须掌握现代信息技术，了解最新的资讯，掌握思想领域的最新动态和国际形势的发展变化，主动吸收其他学科的最新成果。这些有利于思想政治教育工作者观念的更新与能力的提高，有利于思想政治教育工作者学习和掌握新的教学手段与方法，促进思想政治教育工作者自身和大学生思想政治素质与科学文化素质的全面提升。

二、坚持用发展着的马克思主义武装大学生

高校思想政治理论教育教学的根本任务，就是以马克思主义为指导，以培养大学生正确的世界观、人生观、价值观为主要目的，以爱国主义、集体主义、社会主义为主要内容。但是，随着经济全球化和改革开放的推进，伴随着国外先进技术和产品的输入，西方资本主义的文化和价值观念也得到广泛传播，西方发达国家凭借其雄厚的资本和强大的军事实力，以全球化为契机，推行霸权主义和强权政治，用各种手段和方法大肆倾销其政治经济模式和思想道德价值观念，企图对我国实行“西化”“分化”。资本主义意识形态加大了对共产主义理想信念和社会主义主旋律教育的冲击，使经济文化还不够发达的我国大学生向往西方发达的资本主义物质世界，因而在接受爱国主义、社会主义教育时表现出复杂的感情和相当的难度。高校思想政治理论教育教学就应当深入分析经济全球化对大学生政治思想、道德观念、生活方式等方面所产生的消极影响，有针对性地

对大学生进行马克思主义理论教育。

思想政治教育是要用科学的理论武装人的头脑，解决人的思想问题。要达到这一目的，前提是我们所传授的理论必须是与时俱进的马克思主义理论，是被实践证明有生命力的理论。马克思主义理论的发展决定了高校思想政治理论课要完成对大学生进行系统的马克思主义理论教育的任务，就要坚持用发展的马克思主义理论作为根本指导理论。这一理论体系对中国特色社会主义具有实践指导意义。马克思主义深刻揭示了人类社会发展的规律，坚定维护和发展最广大人民的根本利益，是指引人民推动社会进步、创造美好生活的科学理论。中国特色社会主义理论体系是马克思主义同中国实际和时代特征相结合的第二次历史性飞跃的产物，是马克思主义中国化的最新理论成果，是全国各族人民团结奋斗的共同思想基础。在当代中国，坚持中国特色社会主义理论体系，就是真正坚持马克思主义。高校应帮助学生全面认识和掌握马克思主义理论的基本观点以及这一理论的历史发展和现实作用。中国特色社会主义理论体系是不断发展的、开放的理论体系。《共产党宣言》发表以来近一百八十年的实践证明，马克思主义只有与本国国情相结合，与时代发展同进步，与人民群众共命运，才能焕发出强大的生命力、创造力和感召力。

在高校思想政治理论教学中，要毫不动摇地坚持马克思主义基本原理，紧密结合中国实际、时代特征、人民愿望，用发展着的马克思主义指导新的实践。要科学分析世情、国情、党情的新变化，深入研究解决改革开放和社会主义现代化建设新课题，不断深化对共产党执政规律、社会主义建设规律、人类社会发展规律的认识，不断把党带领人民创造的成功经验上升为理论，不断赋予当代中国马克思主义鲜明的实践特色、民族特色、时代特色。要坚持不懈地用中国特色社会主义理论体系教育人民、武装大学生，深入学习贯彻党的基本理论、基本路线、基本纲领、基本经验，学习马克思主义经典著作，系统掌握马克思主义立场、观点、方法。推动学习实践科学发展观向深度和广度拓展。社会主义核心价值体系是兴国之魂，是社会主义先进文化的精髓，决定着中国特色社会主义发展方向。要坚持用社会主义核心价值体系引领社会思潮，把社会主义核心价值体系融入国民教育、精神文明建设和党的建设全过程，贯穿改革开放和社会主义现代化建设各领域，在全社会特别是大学生中形成统一指导思想和共同理想信念，为大学生健康成长成才提供强大的精神支柱和信仰力量。

三、倡导正面教育为主与批判错误社会思潮的有机结合

社会思潮是指在一定历史条件下、一定历史时期内，在某一特定社会产生的，反映一定的阶级、阶层或社会群体的思想倾向，并得到广泛传播、对社会生活具有某种程度影响的思想趋势或思想潮流。从学科分类的角度看，社会思潮可分为哲学思潮、经济思潮、政治思潮、文化思潮、伦理思潮等。从对社会发展的影响来看，社会思潮可分为正确与错误、先进与落后。一种正确的思潮一旦被人们所掌握，就会促进社会的发展；反之，一种错误的思潮被人们掌握之后，就会给社会的发展带来不良影响，甚至破坏社会的稳定和发展。

面对经济全球化、信息网络化的快速发展和改革开放、社会转型的不断推进，西方发达国家正在利用经济全球化的借口和途径，加紧对我国进行西方资本主义意识形态渗透和实施“西化”“分化”战略，各种社会思潮和社会矛盾将会大量涌现，各种反马克思主义、非马克思主义思潮也会死灰复燃，诸如“马克思主义无用论”“共产主义过时论”“社会主义破产论”“超越主权论”“普世价值论”“普遍人权论”等。如果高校思想政治理论课教育教学回避这些社会思潮，不对这些错误思潮进行彻底批判，同时加强马克思主义的正面宣传教育，大学生就不可能树立正确的世界观、人生观、价值观和正确的马克思主义观。

高校思想政治理论课教育的目标是培养社会主义的建设者和接班人，使学生树立正确的世界观、人生观和价值观。要做到这一点，从根本上说，就必须对学生进行系统的马克思主义基本理论的教育，从正面进行灌输。就世界观、人生观、价值观而言，一个人要想形成科学、正确的世界观、人生观、价值观，就必须有系统的、科学的理论武装。马克思主义是我们立党立国的根本指导思想，是中华民族共同奋斗的理论基础。马克思主义已经为中国工人阶级和广大人民群众所接受，而且是不可缺少的“劳动工具”和精神食粮。大学生只有用系统的马克思主义的基本原理武装起来，系统学习马克思主义的辩证唯物主义的基本原理，学习唯物辩证法和历史唯物主义的基本原理，积聚深厚的马克思主义的理论功底，才能不落伍、不掉队，才能真正准确把握我们党的思想路线，自觉地为改革开放和社会主义现代化建设事业服务，才能成为名副其实的社会主义的建设者和接班人，担当起党和人民交给的未来重任。

在高校思想政治理论课教育教学中，研究和批判各种社会错误思潮，既是思想政治

理论课教学的一个重要方面，又是大学生学习马克思主义的一条重要途径。从马克思主义本身来看，马克思主义的本质是批判的、革命的，马克思主义的先导者们从来没有放松过同各种资产阶级形形色色的社会思潮的斗争，他们始终把科学地分析批判这些错误思潮当作发展自己学说的一个重要条件。辨析、批判、识别错误思潮的过程本身，就是学习马克思主义的过程。毛泽东在《关于正确处理人民内部矛盾的问题》中指出："正确的东西总是在同错误的东西作斗争的过程中发展起来的。"在当代，马克思主义要继续发展，仍然离不开同各种其他社会思潮的碰撞、交锋和斗争。对于那些攻击和否定马克思主义的思潮，用马克思主义的观点回答他们的挑战，批判其各种否定马克思主义的错误观点，有利于我们在新的条件下坚持和发展马克思主义。

实践证明，高校思想政治理论课教育教学的方式，既要坚持对学生进行正面的系统的马克思主义基本理论的教育，又要对各种错误的社会思潮进行积极、严肃、认真的研究、分析和批判，经过正反两方面的对比和斗争，大学生的马克思主义的水平就会真正提高，就会自觉地用马克思主义的立场观点来分析和识别它，提高抵御错误思潮的能力和自觉性。分析批判各种社会思潮，是学习马克思主义的重要途径，是提高大学生马克思主义水平的必要方法。总之，只有将二者有机地结合起来，才能收到好的教学效果。

四、弘扬与时俱进品格，改革创新教育教学方式方法

与世界各国思想政治教育成功的经验相比，我国高校思想政治教育在方法和手段上存在不少问题。其主要表现是：一是过分注重和强调正面宣传教育的作用，忽视"隐性教育"和实践教育，教学方式单一；二是过分强调学校、家庭的主体地位，忽视社会环境、其他组织的作用，各方面力量没有形成合力；三是过分倚重理论灌输，忽略了人的主体性与差异性，教师与学生之间互动环节没有充分开展，思想政治教育缺乏针对性。要解决这些问题，就要改革创新高校思想政治理论教育教学的方式和方法。

《纲要》提出，教育要发展，根本靠改革。要把改革创新作为教育发展的强大动力。要创新人才培养体制、办学体制、教育管理体制，改革质量评价和考试招生制度，改革教学内容、方法、手段，建设现代学校制度。要加快解决经济社会发展对高质量多样化人才需要与教育培养能力不足的矛盾；解决人民群众期盼良好教育与资源相对短缺的矛盾；解决增强教育活力与体制机制约束的矛盾，为教育事业持续健康发展提供强大动力。

虽然这些思想是针对整个教育事业的改革而言的，但也为高校思想政治教育的改革创新指明了方向。

在新时代，经济全球化和信息网络化为思想政治教育发挥作用开辟了新的阵地，丰富和发展了现代思想政治教育的内容体系，使思想政治教育者的作用发生了新变化，提高了思想政治教育的实效性，有利于当代青年学生新观念、新思想的形成；有利于其自身素质的提高；有利于其树立科学的世界观、人生观、价值观；有利于促进高校改进思想理论教育的方法和手段，满足当代青年学生多方面的需求，使高校思想理论教育更具有及时性和广泛性，更直接也更深入；也有利于促使高校思想理论教育突破时空的局限，增强时代感和影响力。为高校思想理论教育提供新的育人环境、新的教育模式、新的工作手段和新的工作载体。但对高校思想政治理论课教育教学方法的改革和创新，也提出了更高要求。

高校思想理论教育工作者只有掌握网络信息技术，拓展自己的知识领域，学会网络思想理论教育方法，能通过网络渠道及时准确地了解当代青年学生的思想动态，掌握其心理、思想，才能发现并帮助其解决遇到的思想问题，引导其树立正确的世界观、人生观、价值观，才能担负起校园网络舆论监控的重任，才能及时收集、分析、监控网络信息，发现青年学生关注的热点、难点问题，尤其是苗头性、倾向性、群体性问题，进而采取有效措施，有针对性地做好大学生的思想理论教育教学工作。同时，要联系改革开放和社会主义现代化建设的实际，联系大学生的思想实际，把传授知识与思想教育结合起来，把系统教学与专题教育结合起来，把理论武装与实践育人结合起来，切实改革教学内容，改进教学方法，改善教学手段，综合使用各种教学方法，不断增强高校思想政治理论课教育教学的针对性、实效性和说服力、感染力。

综上所述，国内外形势的新发展、新变化，既给高校思想理论教育教学方法的改革带来新的挑战，更给思想理论课教育教学方法的改革带来新的机遇。高校思想理论教育的改革，只有不断适应社会生活的实际和当代大学生的实际，才能达到高校思想理论教学的目的，提高教育教学效果。

第二章　高校思想政治教育内容的创新优化

第一节　高校思想政治教育理念的创新

在 2016 年末，习近平总书记在出席全国高校思想政治工作会议中强调：“思想政治工作从根本上说是做人的工作，必须围绕学生、关照学生、服务学生，不断提高学生思想水平、政治觉悟、道德品质、文化素养，让学生成为德才兼备、全面发展的人才。”在这个理念指导之下，全国高校思想政治工作者开展了轰轰烈烈的讨论，认为高校思想政治工作需要以大学生为基础，在进行思想政治教育时需要注重社会与学校之间的关系，发挥好学校树人的功能，培养开放型大学生。

一、“以人为本”的理念

在我党有关马克思主义的论著中，以人为本的理念得到了大量阐述。以人为本理念融入高校思想政治工作中首先就体现在以大学生为本。在进行教育过程中，我们需要教育大学生正确处理好现实发展与未来发展之间的关系。高校思想政治教育当立足于未来，将学生在发展过程中可能遇到的各项因素结合在一起，这样才能够解决在教育中出现短视的现象，使得大学生可以更好地适应社会变化。与此同时，在这个过程中需要引导大学生正确处理好自我发展与自觉发展之间的关系。自我发展主要是指在不受任何外力影响下的成长，这种发展没有任何规划，没有任何目的，因此在发展过程中一旦出现挫折就会使大学生产生自暴自弃的心理，从而对政治教育实效性产生影响。

二、“开放育人”的理念

大学不是自我封闭的象牙塔，大学给人们提供了宽阔视野、自由思想、充分交流、和谐的环境。对于高校而言，高校应当坚持开放育人的理念，帮助人才更好的发展。首先，我们应当不断开创未来新局面。高校应当积极搭建与大学生专业相关的实践基地，实践基地是大学生与社会接触的第一个实训场所，也是自己的实验室，可以真正检验自己所学的知识是否可以用于实践，可以清晰地认识自我、反思自我、完善自我，做好自我定位，不断发展自我。其次，应当落实网络思想教育新举措。我们正处于一个信息爆炸时代，网络成为人们生活中不可或缺的一部分，网络也成为了信息传递的重要媒介。作为育人场所的高校更应当占领网络阵地，通过先进手段建立起富有特色的网站，加强与大学生之间的互动与交流，去其糟粕，取其精华，更好地推动大学生向前成长。

第二节　高校思想政治教育内容的创新

创新是一个民族的灵魂，是一个国家兴旺发达的不竭源泉。高校思想政治教育的旺盛生命力也在于它的与时俱进的创新性。当前我国正处于一个大变革、大发展的时代，国内外的经济和社会生活的新情况和新问题引起了人们思想上的变化，高校思想政治教育的内容也要针对现实情况不断地创新。

一、思想教育内容的创新

思想教育是高校思想政治教育工作中的首要任务，它主要是进行世界观和方法论的教育，是为了解决人们的主观思想和客观实际相符合的问题。通过高校思想政治教育使人们能树立正确的世界观，正确地认识客观世界。

在新的时代背景下，思想教育的内容在继承传统思想内容精华的基础上又有了新的变化。马克思主义的唯物论和辩证法是科学的世界观和方法论，这是我们认识和改造世界最为根本的武器，这在任何时候都是不能丢的。我们要广泛地宣传它的基本原理和基本观点，帮助和引导人们划清唯物论与唯心论、无神论与有神论、科学与迷信、文明与愚昧的界限，增强识别和抵制唯心主义、封建主义及各种伪科学的能力。

进行科学知识教育，形成科学思想，弘扬科学精神，培养科学方法。近几年来，社会上各种迷信活动日渐泛滥，封建活动重兴，反科学、伪科学活动日渐成风。在科学技术日渐发达、知识经济曙光方兴未艾的 21 世纪，人们（甚至还包括一些高学历的知识分子）都抵制不了迷信和伪科学，不外乎两个层面原因——知识结构层面和思想领域层面。对于大多数的知识分子人群，出现这种现象的原因可能就出现在这两个层面上。而对于社会中高学历知识分子或是一些科学工作者恐怕是处于思想领域层面，即缺乏科学精神。因此，在思想教育的过程中，要加强科学知识教育，积极地弘扬科学精神，培养科学的思维方式。对人们进行自然科学知识教育可以帮助其树立科学的世界观，特别是自然观，正确处理人与自然的关系。社会科学可以帮助受教育者树立正确的社会结构观和社会发展观，思维科学知识可以帮助受教育者形成科学的思维方式等。总之，科学知识教育是为受教育者解答世界的本质和规律的问题，即“世界是什么”。

思想教育过程中加强科学知识教育，可以使受教育者具有接受其他教育的基础和条件。由于受教育者的层次性和个性化的特点，他们世界观出现扭曲的原因也是多样化的。在一些知识分子群体中，他们缺乏的不是科学知识，而是缺乏一种对科学知识的创新，缺乏一种对世界奥秘的不断探求的勇气，即一种科学精神的缺失。科学精神追求真理，摒弃迷信和伪科学，科学精神的灵魂就是创新意识。对于世界本质及人自身的认识，都需要有科学的态度和科学的精神。在认识世界及人生时还需有一种科学的思维方式。科学的思维方式是人们认识事物的条件和前提。

新时期思想教育内容变化的特点是，思想教育的内容要紧扣时代脉搏，具有鲜明的时代特征。我国的思想教育以马克思主义为主流意识形态。在认识和改造世界的过程中，坚持以辩证唯物主义与历史唯物主义为指导。思想教育是解决人的思想上的根本性问题的，因此思想教育的内容应具有与马克思主义理论同样的与时俱进的品质，具有鲜明的时代特征。思想教育内容必须与时代共运动，才有助于更好地坚持以马克思主义为指导。马克思主义诞生在一百七十多年前，它之所以能成为人们行动的指南是因为符合当时的实际情况，它是科学的。虽然当今世界已发生了巨大的变化，我们仍需坚持以马克思主义为指导，理由是马克思主义不仅是符合客观实际的，而且是伴随着客观实际的发展而发展的，有着强大的生命力和广泛的影响力。我们要做到坚持和发展相统一，一切从发展变化着的时代、形势和实际情况出发。这样我们一些落后的、不合时宜的思想就会被清除，我们的思想就会从教条式的马克思主义中解脱出来。

发展中求稳定，创新中求真理也是思想教育内容变化的特点。如前所述，思想教育内容必须具有时代性，但这并不意味着思想教育的内容是“一天一个样，三天大变样”。思想教育的内容还需讲究稳定性和真理性，思想教育内容的创新并非一味地追求新颖。对于马克思主义的一些基本原理和观点是必须坚持的，对于思想教育内容的创新应是在朝着对原有理论作出真理性探求的基础上去发展的。现阶段，我们是坚持以建设中国特色的社会主义理论教育全党、全军和全国人民。我们之所以坚持它，是因为它是对马克思主义理论的发展，在一个相当长的时期内，我们要用它来教育我们这一代人甚至是几代人。

二、政治教育内容的创新

（一）政治教育内容的新变化

政治教育主要是进行政治理想、政治信念、政治方向、政治立场、政治观点、政治情感等方面的教育，着重解决对国家、阶级、社会制度等重点政治问题的立场和态度问题。加强爱国主义、集体主义、社会主义教育，增强人民对党、对祖国、对社会主义制度的政治认识和深厚感情，加强党的基本路线教育，全面理解“一个中心，两个基本点”之间的辩证关系，坚持正确的政治方向，克服“左”或“右”的干扰，加强民主法制教育，使受教育者正确认识民主与法治的辩证关系，增强社会主义民主意识和法治观念。这是我国政治教育的传统内容。高校思想政治教育都是为了一定的社会阶级和集团的政治目的服务的，因而在实施政治教育过程中，必须加强社会主义理想信念教育。在我国社会主义市场经济和法治建设日益成熟和完善的历史条件下，要加强民主、法制教育，正确处理民主法制和市场经济之间的关系，同时要注重依法治国的理论研究和具体实践。在和平和发展的时代，在当今的世界格局中，特别是在经济全球化浪潮影响下，政治意识越来越被人们所忽视，这表明我国政治教育的任务更为艰巨。新形势下，我们应在继承优良政治传统内容的基础上融入新的内容。

在我国，坚持以政治教育为主导，就必须始终以理想信念教育为高校思想政治教育的核心内容。理想信念是人们所追求、所向往的目标，是人们政治立场和世界观的集中反映，也是人们的精神支柱和力量源泉。崇高的理想信念会激发人们的热情，振奋人们的精神，鼓舞人们的斗志，帮助人们形成良好的道德情操。在社会主义初级阶段，我们的共同理想就是建设中国特色社会主义。共产主义是我们的终极理想和信念，但共产主义的实现是一个长期的革命和建设过程，它需要经历若干个不同的发展阶段。建设中国特色社会主义，是实现共产主义的一个阶段，就是把我国建设成为富强、民主、文明的社会主义现代化国家。

现阶段，我国政治教育的另一个问题就是围绕“四个如何认识”，即如何认识社会主义发展的历史进程，如何认识资本主义发展的历史进程，如何认识我国社会主义改革实践过程对人们思想的影响，如何认识当今国际环境和国际政治斗争带来的影响进行深入探讨。“四个如何认识”深刻揭示了新的时代条件下统一全党全国各族人民思想的关键问题，指明了新时期党的思想理论建设和思想政治工作的努力方向，具有很强的针对性、实践性和指导性。对于如何认识社会主义发展的历史进程，我们必须把握两个基本结论：必须坚持社会主义，必须进行改革开放。坚持社会主义，就是要毫不动摇地坚持社会主义的基本制度，使社会主义的本质充分地体现出来。坚持改革开放，就是要大胆进行制度创新，不断完善社会主义体制和运行机制，把有中国特色的社会主义向前推进。

我们要看到社会主义经过长期发展后必然代替资本主义，这是历史前进的总趋势。同时，也要看到社会主义代替资本主义是一项长期艰巨的伟大工程，必须要有长期作战的思想和艰苦奋斗的精神，认识资本主义发展的历史进程，可以从现象和本质辩证地观察，我们不能脱离现象谈本质，也不能脱离本质谈现象。从现象上看，第二次世界大战后，资本主义进入一个新阶段，出现了许多令人瞩目的新变化。对资本主义生产关系的某些环节和资本主义经济的运行、管理机制作了不少的自我调节、改良和改善，在一定程度上缓解了生产资料私人占有对生产力发展的制约，并不同程度地学习和借鉴了社会主义的一些做法来缓解社会矛盾，积极吸收和利用当代科学技术发展的最新成果，为资本主义社会的生产力发展提供了新的空间。对于资本主义的一些现象我们要科学地分析，大胆地吸收利用，不能因为其资本主义本质而一笔抹杀。

当然，我们也要看到现象背后的本质：西方资本主义国家进行的自我改良是在资本主义制度允许的范围内对生产关系的局部调节，并没有触动资本主义统治的根基，并没有改变其私有制的本质，也没有改变马克思主义关于资本主义的基本原理的真理性。

党的十一届三中全会以来，中国经历了一场空前伟大而深刻的社会变革，社会经济成分、组织形式、物质利益、就业方式日益多样化，人们思想活动的独立性、选择性、多变性、差异性明显增强。所以，必须正确理解和把握“稳定压倒一切”的方针原则，理直气壮地坚持和巩固马克思主义在我国的指导地位。当前，世界正向多极化方向发展，经济全球化进程也正在加快，各种思想相互交错，相互激荡。这对我国的影响既有积极方面，又有消极方面，我们必须利用阶级观点，看穿西方敌对势力对我国的“和平演变”阴谋，防腐拒变。

民主法治教育，是加强政治教育的一个极为重要的方面。通过教育，使人们知法、执法、用法、守法、护法，自觉运用法律维护自己的合法权益，参与对国家事务的管理和监督，维护社会秩序。加强民主法治教育，要以依法治国为重点。依法治国是法治精神的体现，表现为“法治高于人治”，所有人和集团都在法律之下，严格按照法律要求办事。依法治国与以德治国既有联系，又有区别，以德治国是依法治国的基础和补充，但我们要看到“法治”高于“德治”，“德治”不能干扰“法治”。加强民主法治教育，还要注意让领导干部带头学法、执法、用法、守法、护法，这对于群众具有重要的示范作用。对于广大群众来说，民主法治教育必须常抓不懈，尤其要在民主法治建设的实践中进行教育。

加强马克思主义人权观教育，是政治教育的又一个重要组成部分。人权问题在国际政治斗争和国家关系中是一个十分敏感的问题，特别是冷战结束之后，人权问题成为影响中国与西方国家关系，特别是中美关系中的一个重要问题，西方国家总想通过 “人权”来指责我们的社会制度，利用人权问题来煽动青年人动摇对社会主义的信念，因此在国际交流日益密切的条件下，我国的政治教育有必要加强马克思主义人权观教育。

我国关注人权问题是进行国际交往和国内改革和建设的需要。自苏联解体之后，以美国为首的西方资本主义国家加紧对中国进行和平演变的战略，中国成为冷战后美国“人权攻势”的主要目标，在中美关系中，人权问题一直与军控、贸易等问题一起成为中美关系的重要内容。美国长期以来以各种方式和名义质疑中国人权。为了进一步扩大中国对外开放的政策，加强和改善中国与西方发达国家之间的联系以及扩大中国在国际社会上的影响，我们不得不对西方国家提出的“中国人权问题”作出反应。当然，我国对人权问题的认识，也是经过了一个长期的过程。首先，随着改革开放政策的实行和人民生活水平的提高，我国对人权的认识水平和保护人权的意识有了很大的提高，改革开放政策的实施使得人们的眼界开阔，认识事物的深度和广度不断增强；同时自我意识也不断增强，保护个人人身权利、消费者权益以及贫困山区儿童的受教育权利都受到人们的关注。其次，国内政治体制改革和依法治国战略的提出，使得人权日益成为人民和政府关注的焦点。党的十九大报告明确指出:“积极发展社会主义民主政治，推进全面依法治国，党的领导、人民当家作主、依法治国有机统一的制度建设全面加强，党的领导体制机制不断完善，社会主义民主不断发展。”这也强调了要进一步扩大人民有序政治参与，加强人权法治保障。

由于各国文化传统、政治结构和发展水平不尽相同，对人权观念的看法必然存在不一致性。我国对人权的观念是坚持马克思主义的人权观，承认人权是世界各国人民为之奋斗的共同理想，促进和保护人权是各国应尽的义务。虽然人权在本质上来说具有普遍性，但在实施的过程中由于受各国特定的文化、历史和经济发展水平的复杂性和多样性的影响而呈现出复杂性和多样性。当然，人权的普遍性原则必须与各国具体情况相结合。由于历史背景、文化传统和社会经济发展水平不同，各国在实行人权的普遍性原则时，从内容到形式，从方法到步骤都会有所不同。要求不同国家套用一种模式，沿用同样办法，采用同样步骤是行不通的。在对待西方国家一贯坚持用人权的双重标准去干涉别国内政问题上，我国坚决反对，因为任何国家都不能干涉别国内政。对于发展中国家来说，人民的生存权和发展权是最基本的和头等重要的人权。人权问题若是离开了社会经济的发展，必定是空中楼阁，只有确保国家和社会的正义、秩序和稳定，才能保障国家的发展、所有公民安居乐业和享受基本人权。人权不仅需要一个有利的国内发展环境，还需要一个有利的国际环境，当今世界不合理的国际经济秩序是阻碍发展中国家发展权的根本原因。

此外，我们应强调个人权利和义务的统一。在西方国家，一般只偏重个人的权利，导致权利和义务的偏离。我国宪法规定:“公民在行使自由和权利的时候，不得损害国家的、社会的、集体的利益和其他公民的合法的自由和权利。”个人利益应该同社会公众的利益相一致，这一点很重要。只有全社会的进步，才能实现个人真正意义上的民主、自由和人权。人权发展是一个历史过程，其演变只能通过其内部的动力来完成。

（二）政治教育内容的特点

充分发挥政治教育的经济功能。政治离不开经济，它是对经济基础的反映和表达；同样，政治教育也不能离开经济而进行。从经济这个角度推进政治教育内容的创新是我们努力的方向。我们要看到精神文明对物质文明建设的巨大推动作用。我们党历来重视“典型”对社会经济发展的重要作用，远的如雷锋、王进喜、焦裕禄，近的有黄大年、杨科璋等，他们在社会建设的各条战线上发扬为人民服务的精神，弘扬社会主义精神文明，在我国形成了一股股向他们学习的浪潮，无形中推动了社会经济的发展，净化了社会环境。

政治教育内容具有开放性和宽容性。政治教育在高校思想政治教育体系中居于主导地位，其内容包括多个方面，这些方面本身就是一个开放的体系。首先，它是对内开放的，政治教育内容各个部分互相吸收、互相借鉴，从而达到协调统一。其次，它是对外开放的。当今世界是一个开放的世界，经济全球化浪潮把世界各国卷入其中。在高校思想政治教育方面，想堵住西方政治思想的介入是不可能的。这就要求我们在与西方思潮的竞争中使政治教育的内容更具有开放性，在这场竞争中取得胜利。在政治发展过程中，政治教育的内容逐渐淡化以往鲜明的阶级性，政治民主化不断得到加强，在开放的体系中，政治教育的内容变得日益温和、宽容。这是当今政治教育内容的新特点。

三、道德教育内容的创新

（一）道德教育内容的新变化

道德教育主要是进行行为规范的教育，内化道德规范，形成道德观念，发展道德判断，培养道德情感，养成道德行为，提高道德素质。因此，要加强以为人民服务为核心，以集体主义为原则的社会主义道德教育，使人们树立与社会主义市场经济相适应的道德观念和道德行为，克服资产阶级腐朽的拜金主义、享乐主义、极端个人主义的错误观念的影响。道德教育的实质是养成教育，所以，进行道德教育的重点不是认知道德规范，而是内化道德规范，提高道德自律力。在现阶段，道德教育在原有内容基础上应建立适应市场经济的道德观念，如：注重加强职业道德教育，构建诚信的社会环境；市场经济条件下正确处理效率和公平、个人和集体的关系。现阶段的道德教育也应建立与现代科学发展相适应的伦理规范，如加强网络道德建设和生态伦理道德建设，开辟道德建设的新领域等。

经济生活的变化改变着人们的思想观念和道德观念，道德教育的内容对传统道德进行了改造，同时又给它注入了新的规范。随着现代社会分工的发展和专业化程度的增强，市场竞争日趋激烈，整个社会对从业人员职业观念、职业态度、职业纪律和职业作风的要求越来越高，因此在职业道德原有的基础上要大力倡导以爱岗敬业、诚实守信为主要内容的职业道德教育。

1.道德教育中的诚信问题

（1）诚信的含义

诚信问题日益变成我国经济发展和社会进步的瓶颈和广大人民群众谈论的焦点，因此这里主要论述这个问题。所谓诚信，包括两层含义：一是要以信用取信于人；二是对他人要给予信任。只有诚恳待人，才会取得信任；只有讲信用，才会有信誉。民无信而不立，做人，首先是要诚实。诚实守信，是为人处世的基本准则，也是中华民族的传统道德。在社会主义市场经济条件下，人们的德道意识和道德观念的多样性，不同层次社会成员道德水准的差异性，特别是受利益驱使，尔虞我诈、弄虚作假等问题，突出了坚持以诚信为本在加强公民道德建设中的重要意义。是否诚实守信，不仅反映了一个人的思想品质和道德水平，反映了一个团体的信用程度，更重要的是它影响到一个人的前途和发展。一个表里不一、言而无信的人，可能蒙混过关乃至一时得势，但决不会长久，到头来还是让虚伪害了自己。所谓的“老实人不吃亏”，讲的就是这个道理。在现实生活中，对于爱国守法等道德规范，一般来说大多数人都能自觉做到，但对于明礼诚信，特别是诚信，恐怕就不能够完全达到这一要求。因此，加强公民道德建设，要紧紧抓住“诚信”这个重点，不断夯实公民道德的信誉基础。历史证明：不讲信誉的人是没有前途的人，不讲信誉的社会是混乱的社会，不讲信誉的国家是没有希望的国家。诚信原则，体现了加强公民道德建设的本质要求，必须贯穿于公民道德建设的全部内容和整个进程。

（2）诚信道德规范对经济建设的作用

诚信道德规范是个人与社会、个人与个人之间相互关系的基础性道德规范，也是市场经济领域中一项基础性的行为规范。没有了诚信，人们的经济生活、政治生活、社会生活就失去了基本的维系和支撑；缺少了诚信，经济发展和社会进步就缺少了前进的动力和可靠的保证。诚信是社会主义市场经济健康发展的需要。市场经济从运行机制上讲是一种契约经济，从法律层面上看也是一种法治经济。各市场主体之间、生产经营者与消费者之间、员工与企业之间等都要在规定的范围内承担自己的责任，履行自己的义务，享受自己的权利。如果大家都视契约或法律法规为儿戏，不诚实、不守信，人们的工作、学习、生活就无法正常进行；如果假冒伪劣、坑蒙拐骗、投机取巧、虚报浮夸盛行，就会严重破坏社会经济秩序，动摇社会主义市场经济健康发展的根基。

诚信是与世界经济接轨的需要。加入世贸组织后，对于我们的各级政府、各级组织、各类市场经营主体和广大干部群众来说，首要的任务就是要了解、熟悉、掌握世贸组织规则，并且要恪守规则，履行承诺，不断修改完善我们的法律法规和有关政策，建立起良好的经济秩序和社会环境。而这里很重要的一个方面就是要诚实守信，如果不诚实守信，我们就无法同国外企业和经济组织打交道。特别是我们的企业在生产经营活动中，要重合同，守信誉，视信誉为企业的生命。一句话：靠信誉去开拓占领市场，靠信誉竞争，靠实力发展。

诚信是实施依法治国与以德治国方略的需要，道德与法律同属行为规范的范畴，二者虽有区别，但却相互作用，相互补充。相对道德约束而言，法律是强制性的、低层次的、既定范围的，道德是自律性的、高层次的、更宽范围的。在现实生活中，违法必缺德，但缺德不违法的现象还是较为常见的。只有法治与德治并举，才是治国安邦的根本之策。而无论是法治还是德治，都必须以诚信为本。法律法规是要靠人去执行去实施的，是否违法及违法到何等程度应予以什么样的惩处都要靠人去裁定。执法是否公正，这里就涉及执法者的职业道德问题、法治的环境问题、法律制度的信誉问题。

（3）倡导诚信道德规范的方法

大力倡导诚信道德规范，营造守信用、讲信誉的良好社会环境，主要包括以下几个方面。

第一，坚持思想教育与制度建设并举。一是要把诚信道德规范的主要内容、重大意义和基本要求灌输到全体社会成员的头脑中去，这是家庭、学校、单位和各级各类组织的共同责任。二是要区分层次，结合实际，突出重点。也就是要解决好学生诚信教育“教什么”和“如何教”的问题。不但要讲清是什么，更要说明为什么，晓之以理，动之以情，久久为功，必有成效，以达到引导人们牢固树立诚信观念，强化诚信意识，遵循诚信道德规范的目的。三是注重加强制度建设。要结合实际把诚信道德规范的内容和要求细化、深化、具体化，并纳入各部门、各单位和各行各业的管理制度之中，充分发挥制度的规定、惩戒、引导和警示预防作用。同时，要认真总结实践中好的做法和经验，并以制度的形式固定下来。

第二，党员干部特别是领导干部要率先垂范。大力倡导“诚信”道德规范，对党员干部特别是领导干部提出了更高的要求。一是要坚持实事求是。说老实话，做老实事，当老实人，不搞弄虚作假，不做表面文章。恪尽职守，认真负责，不回避矛盾，不推诿扯皮。坚持原则，从严治政，不搞庸俗作风，不怕得罪人。二是要清正廉洁，珍惜名誉。以人格的力量和高尚的道德情操树立威信，以诚心诚意为人民办实事、谋利益的公仆形象取信于民。三是要以身作则，身体力行。要求群众做到的自己首先做到，要求群众不做的自己坚决不做，为群众树立榜样，做诚实守信的表率，通过不断加强领导干部自身的道德建设来带动公民的道德建设。

第三，坚持倡导与治理相结合。一是新闻出版、广播影视、文化艺术等各种阵地和载体要深入开展诚信道德规范的宣传，营造良好的社会舆论氛围。通过社会舆论的评价、褒贬、取舍，引导人们把对诚信道德规范的认识转化为内心的信念，成为事业发展的理念，在全社会形成诚实守信的道德风尚。二是要综合运用法律、行政、管理等多种手段，依法从严从重打击和治理经济活动中的各种欺诈行为，为各类市场经营主体创造一个公平的竞争环境，为社会经济的持续、健康、快速发展提供保证。

2.网络道德建设

当下，科学技术的发展在不断地扩大人们认识的领域，在新的领域内产生了新的关系，这些都需要有与之相适应的道德规范加以约束。互联网的建设就是当今世界范围内正在我们身边发生的一场声势浩大的科技革命，它将根本改变信息生产、传播方式，同时必然带动社会整体的变迁。由于计算机网络的显著特点及其对人类生活的深刻影响，在我们充分利用它提供的历史机遇的同时，抵御其负面效应，大力进行网络道德建设，在改革开放和新科技革命形势下加强社会主义精神文明建设，就具有特别的重要性和紧迫性。

网络道德建设是一项复杂的系统工程，它除了需要领导者的重视和正确的观念指导外，还需要人力、物力和财力的协调与配合。

培养网络道德建设者是网络道德建设的首要任务。网络道德建设者既要具有较高的政治思想素质，又要具有一定的科技意识和创新能力；既要具有道德建设的理论与实践经验，又要掌握计算机网络的基本理论并能熟练进行网络操作。

开展网络道德教育活动，是网络道德建设的关键任务。首先，要制作互联网道德教育信息，实现道德信息共享。各网站要将本系统或本单位有关道德建设的历史、现状、问题及经验等资料和信息上网公开，接受访问。其次，各网站可根据自己的人力、物力和财力设计富有特色的网页，向道德教育客体进行特殊的道德教育。比如，学校系统可开设心理咨询网页，企业系统可开设政策和法律咨询网页。此外，可在网上开展一系列丰富多彩的活动，如通过开展道德状况调研活动收集信息，通过开展道德讨论活动以提高人们的道德觉悟，通过开展道德教育经验交流活动以提高道德教育效果。富有创造性地开展网上道德教育活动是网络道德建设成功的关键。

3.生态伦理道德建设

在全球面临生态危机，人类的生存条件受到严重污染，地球被人类改造得面目全非之时，人类开始反省自身与自然之间的关系。各国政府除用政治、经济、法律等手段来调整人和自然的关系外，思想政治工作者还用生态伦理道德来教育广大人民，爱护我们的生存环境。生态伦理道德是指处理人与自然关系的道德规范。其实，我国古代思想家在生态伦理方面提出过许多宝贵的思想，对我们解决 21 世纪的生态伦理和现代化建设有着重要的启迪作用。在中国的传统文化中，关于人与自然的关系，都从来不把人和自然分开。中国古人的关于环境道德的思想，在保护环境的同时也十分注重发展经济，具有很强的现实参考意义。儒家从天地具有德性的立场出发，把天地视作母亲，看作生命的源泉，资源的宝库。在中国这个农业大国中，早已形成了一些重要的生态农学思想。人类的生产活动如果不注意资源的保护，那就意味着失去了生存的根基。古人的思想精华对今天环境保护有着十分重要的意义。一方面，人类有必要重新认识生态环境资源，重建新的生存范式，重新规范人与自然的关系和利益分配，以生态优先的原则重新定位一些产业。目前，我国经济发展过程中所面临的生态环境问题，就包括了生态环境的保护与建设两项，事实上，经济发展中的开发本身就是一项巨大的生态环境建设工程。党和政府对生态环境特别关注，把生态保护和建设放在了近年来经济发展战略的首要地位。

在当今世界的环境保护和生态建设中，迫切需要改变“人类中心论”的传统观念，用尊重自然的态度取代无节制占有自然的欲念，重新确立人对自然的价值标准。人和自然是处于系统联系之中的，人一方面是从自然中分离出来的，另一方面又与自然紧密相连，人类需要从自然界获取自身赖以生存和发展的物质生活和生产资料。人与自然的这种统一是构成人们生活的要素。所以，我们在强调人的尊严时，也应该维护其他生命形式的生存权利，以尊重自然的态度来取代对自然的无限制的占有欲念。这就迫切需要改变我们过去那种认为人类是自然的主人和占有者，自然界的一切都必须服从于人类的利益和需要的意识和观念。

要用爱护自然、保护环境的活动取代盲目征服自然、破坏环境的行为。我们在征服自然的活动中，还应该把人类其他美好的精神品质，如了解、尊重、爱、友谊、责任、权利和义务等，运用到改造自然的活动中去。用爱护自然的活动来取代对自然的盲目征服行为，要用人类对自然的自觉调节来取代自然本身的自发调节，要维护自然的生态平衡，保护我们的生存基地。我们必须在人与自然的这个世界混合系统中履行我们的调节和保护职责，要用人对自然的义务感来偿还人对自然的占有和利用，保护自然应是人类应尽的义务。

要用适度消费的道德观取代无节制耗费、过度消费的消费观。对自然资源的过度开发是造成环境恶化的重要原因，而地球上的资源是有限的，因此为了人的全面发展，为了使现代人免受污染的危害，为了给子孙后代保存有限的资源，我们应立即行动起来，在全社会倡导适度消费的道德观，反对追求高消费、过度耗费，应在全社会提倡节约之风，并尽可能地利用可再生资源，以制止对资源的过度开发和浪费。

（二）道德教育内容变化的特点

社会道德的个体化是道德教育的一个鲜明的特点。在我国几十年的道德教育中，我们常常接受的是集体主义道德、社会主义和共产主义道德等内容，很少强调职业道德、公民道德等个体道德的内容，忽视了公民素质的培养和提高。随着我国由计划经济体制向社会主义市场经济体制的转变，经济活动由统一地围绕着一个目标行动转变为分散的、个体的活动。个体在经济中的重要性不断加强。与经济基础的变化相适应，在道德建设的过程中，大力提倡公民道德建设，开展职业道德教育，呼唤人与人交往之间的诚信守诺，平等待人。道德教育的内容经历了从社会的整体道德向个体道德的转化。只要每个公民自觉遵守公民道德，按照《新时代公民道德建设实施纲要》严格要求自己，我们的社会道德、社会环境都将取得极大的改善。社会道德的个体化是道德教育发展的基本规律。道德教育过程就是把社会道德内化、规范化，使个体养成道德意识，自觉遵守道德规范。

道德内容调节的范围从只注重调节人与人的关系，到既调节人与人的关系又调节人与自然的关系，这种转化也是道德教育的一大特点。我国传统伦理道德认为，道德处理的是人与人之间的关系。只有个人及个人之间的行为才可以称为道德或不道德，与物无关，因此人们滥伐森林、涸泽而渔等破坏自然环境的行为都不能称为不道德行为。近代以来的道德教育冲破了传统的禁区，人与物的关系也被纳入了道德范围，“敬畏生命”成了人类的道德共识，所以道德教育的内容经历了一个从人与人的关系向人与物的关系扩展的过程，使得道德教育的内容不断扩大，我们现在说的生态道德、网络道德等道德研究的新课题向我们昭示了研究人与物的关系的重要性。思想政治工作者们也要适应新形势、新变化，不断扩大自己的知识面，使思想政治工作不断深入，并在这个过程中找到自己的坚实基础，不断寻求新的理论生长点。

第三节　高校思想政治教育内容优化组合原则

高校思想政治教育内容是由思想教育、政治教育、道德教育、心理教育等内容构成的一个有机整体，随着高校思想政治教育实施过程中的社会环境、主客体等条件的变化而不断向前发展。在对高校思想政治教育的内容进行优化组合时应充分考虑到思想教育、政治教育、道德教育、心理教育内容的不同侧重点和其所起到的不同的教育效果。

一、以思想教育为指导

思想教育是进行世界观、方法论的教育，是提高受教育者认识世界、改造世界的能力和树立科学人生观、价值观的教育，只有树立正确的世界观和方法论，才能开展进一步的政治、道德和心理教育。因此，思想教育在整个高校思想政治教育的内容体系中处于指导地位，是进行政治教育、道德教育、心理教育的必要条件，也是先决条件。

以思想教育为指导，是因为随着国际国内形势的不断变化发展，人们的思想活动出现了新特点。当前，我国与世界各国的经济、文化、政治等方面的联系和交流不断深入，人们的思想活动由此受到越来越大的影响和冲击，尤其是在一些传统观念的认同上产生了怀疑和动摇。首先，现阶段由于我国的市场经济体制处于进一步完善过程中，经济成分和经济利益的日益多样化，竞争日益激烈，收入差距相对拉大，造成了人们思想活动的多元性。这种多元性表现为既有各种积极向上的、正确的、先进的和新生的思想观念，又有各种因循守旧的、僵化的、错误的拜金主义、享乐主义等落后的思想观念。其次，由于多种经济成分的共同发展，社会为人民提供了更多的就业岗位和机会，因此人们的就业形式和就业岗位也日益多样化。与此同时，人们在计划经济时代那种一次就业即“终身职业”的概念也受到了猛烈的冲击，人们必须面临激烈的工作岗位竞争，由此促进了人们商品意识、竞争意识的培育，人们的思想活动呈现出由封闭性走向开放性、由依赖性转向独立性、由被动性转向自主性的变化。再次，社会实践方式和生活方式的多样化，使人们的思想活动呈现多变性。当今世界，科学技术发展一日千里，大大促进了社会经济的进步和发展，在生产力得到进一步发展的同时，人们的社会实践活动方式也发生了深刻的变化，人们的生活方式日益朝着自主化、快速化和个性化的方向发展。

以思想教育为指导，是由于国际环境的复杂性和国际政治斗争的尖锐性。全球化使东西方思想文化的交流进入了空前的繁荣阶段，人们的各种价值观念、思维方式、生活方式相互碰撞、融合，同时西方敌对势力也凭借其经济、科技、军事优势，加强了对我国的“西化”“分化”的图谋。他们积极利用各种手段和渠道进行思想文化渗透，混淆人们的视听，造成人们对事物和社会发展有不同的认识和看法，动摇人们对共产主义事业的信心。尤其是在互联网高度发达的现代社会，人们可以轻松地在网上获取和传播信息，西方敌对势力也在互联网上加强了攻势。人们的思想面临前所未有的选择性，是选择接受新生的、向上的思想还是腐朽的、落后的思想，是接受马克思主义还是接受非马克思主义的东西，都是开展思想教育所急需解决的问题，也是思想教育内容的重点。

以思想教育为指导就是要进一步用邓小平理论武装全党、教育群众，不断进行马克思主义唯物论和无神论教育，使人们掌握科学思想和科学方法，树立正确的世界观、人生观和价值观，提高人们认识世界、改造世界的能力和信心。

二、以政治教育为核心

政治教育是进行政治理想、政治信念、政治方向、政治立场、政治观点、政治情感、政治纪律等方面的教育，政治教育决定着高校思想政治教育、道德教育、心理教育的性质、方向、内容和效果，因此在整个高校思想政治教育内容体系中处于核心地位。

以政治教育为核心，是正确认识国际共产主义运动低潮的迫切需要。在社会主义实践中，20 世纪 80 年代末国际共产主义运动遭受到严重挫折，国际共产主义运动陷入低潮，这使一些人对社会主义制度的优越性产生了怀疑，不仅影响到了一般群众的社会主义和共产主义信念，而且影响到一些共产党人，包括一些高级领导干部对社会主义和共产主义的追求。与此同时，20 世纪 50 年代以来，西方资本主义国家度过了经济危机，获得了相对稳定的发展，几个主要资本主义国家的科技有了很大进步，大大提高了其社会生产力。为此，有些人怀疑社会主义的正确性，向往资本主义的暂时繁荣。对这些问题不搞清楚，就会导致一些人“理想破灭”“信念淡化”，终至对党的事业丧失信心。因此，如何正确认识国际共产主义的暂时低潮，正确认识资本主义的最终历史命运，消除模糊认识，坚定理想信念，防止信仰危机，是我国当前急需解决的重大问题，它关系和影响到社会主义事业的前途和命运。

以政治教育为核心，是反对封建迷信思想和防止资本主义腐朽思想侵蚀的需要。当前我国的经济体制正处于转型时期，改革开放到了攻坚阶段，一方面国际敌对势力加强了“西化”“分化”的攻势，加大了思想文化的渗透力度，借所谓“民主问题”“人权问题”等攻击我国的政治体制，竭力标榜其政治制度的合理与完善，意欲实现其“和平演变”的目的；另一方面，面对现实的困难与矛盾，有些人对自己的前途、命运感到难以把握，于是转向了封建迷信思想，寻求所谓的“神灵”和“救世主”的庇佑，而一些别有用心之人乘机大肆宣扬封建迷信、伪科学，麻痹和愚弄广大人民，企图搞乱社会主义，腐蚀人们的思想。因此，以政治教育为核心，加强科学的信仰教育，用马克思主义理论武装人们的思想，将直接关系到国家的兴衰和民族的繁荣。

以政治教育为核心，也是解决现阶段改革中出现的实际困难、矛盾的需要。在改革不断深入的同时，近年来一些党政机关、国有企业的领导干部贪污腐败、违法乱纪现象屡有发生，有些人经不住市场经济大潮的冲击和西方社会思潮、生活方式的侵蚀，理想信念发生动摇，道德标准模糊，是非界限不清，对共产主义理想淡漠。而由于经济结构调整和就业竞争压力越来越大，大量大学毕业生在家待业和越来越大的贫富差距，使一些学生面对挫折时出现了理想信念的崩溃，各种消极思想、悲观失望情绪蔓延开来。这就使政治教育成为紧迫的现实需要，要时时加强政治教育，进一步加大党的基本路线和基本纲领的宣传力度，明确认识社会发展的客观规律和历史发展的必然趋势，坚定正确的政治立场、政治方向，解决好“信仰、信念、信任、信心”问题，把理想信念建立在科学的基础上，从而激发起人民群众建设社会主义的主动性和创造性，同时大力开展马克思主义唯物论和无神论教育，大力普及科学知识，指导大学生正确对待挫折和失败，在复杂环境中不动摇、不迷向，始终沿着社会主义、共产主义方向前进。

三、以道德教育为重点

道德教育是进行行为规范的教育，当前在社会主义市场经济条件下，由于各方利益冲突的频繁和尖锐，道德问题的日益突出，道德教育就显得越发重要，因此道德教育是高校思想政治教育内容的重点。

以道德教育为重点，是解决当前社会存在的道德问题的需要。改革开放和社会主义现代化建设，在促进社会生产力飞速发展的同时，也给人们的生产生活带来了深刻影响。在对外开放过程中，资产阶级文化、生活方式、价值观念乘虚而入，对人民群众的生活方式、价值观念、道德传统都造成了强烈的冲击：从计划经济体制向市场经济体制的转轨过程中，利益格局发生了变化，社会矛盾复杂多样，导致“道德滑坡”和“道德失范”，在社会公德、职业道德、家庭伦理等方面，出现了不容忽视的问题。比如一些企业与个人为了一己私利，生产销售“假烟”“假酒”“假药”“黑心棉”等。诚信意识缺失，极端个人主义、实用主义抬头，社会责任感和正义感有所淡化，人际关系冷漠，团结互助精神有所丧失，而一些部门和行业的不正之风有所蔓延。道德问题已经成为当今社会普遍关心的热点问题，也是精神文明建设的重点问题。

以道德教育为重点，是完善社会主义道德的需要，建立和完善适应我国社会发展的道德规范体系，为我国社会主义现代化建设的发展创造良好的道德环境，对推动我国社会的进步和国家的长治久安具有重要作用。我国是社会主义国家，理所当然要把社会主义道德规范体系作为社会的主旋律，这里既要把握好为人民服务、集体主义精神等核心内容和基本原则在社会主义道德规范体系中的核心地位和作用，也要注意面向社会主义市场经济，坚持“三个有利于”的根本标准。加强道德教育，一方面要着力培养竞争意识、法治意识、效益观念、创新观念、平等观念和权利义务观念等，也要重视“道德滑坡”中突出的如唯利是图、金钱至上等现象。

四、以心理教育为基础

心理教育是提高人们心理素质的教育，可以使人们形成良好的个性、健全的人格、健康的情感。心理教育在高校思想政治教育内容中处于基础地位，是开展思想教育、政治教育和道德教育的基础。

以心理教育为基础，在于各种社会因素的要求。一方面由于市场经济引入了竞争机制，为人们充分发挥能力，展开平等竞争提供了可能，但是这种竞争随着改革开放的深入呈现出更加猛烈的趋势，这些社会现实激发了人们的自我意识，人们开始注重现实，讲求实效，互相间展开平等竞争，但是这对很多在计划经济体制下成长和生活了很久的人们来说是巨大的挑战。如取消福利分房制度、实行竞争上岗、改革社会保障制度等一系列改革措施的实行使一部分人受到挫折，从而产生了消极的心理。同时，社会上一些个人至上、金钱至上、享乐至上的价值取向也影响了一部分人，使他们的价值取向趋向功利化和实用化。社会人群普遍感到心理压力增大，产生了诸如焦虑、浮躁、有危机感等心理困扰。

积极的心理素质培养就是要通过各种方式对人们进行心理健康教育和指导，帮助人们提高心理素质，健全人格，增强承受挫折、适应环境的能力。健康的心理是一个人正常学习生活的基础，一个心理健康的人，能正确地认识和处理周围环境和现实中的各种问题、困难和矛盾。高校思想政治教育中注重心理素质的培养，主要是指个性的心理倾向的纠正和层次度的提高，包括性格与气质的类型和特征、情绪与情感的倾向、兴趣与意志的倾向和力度等个性心理特征的培养与提高。培养良好的意志品质，是一个复杂的、十分细致的、长期的过程。坚定高尚的理想和信念的教育，是培养良好意志品质的主要前提；发展健康的情绪和情感，是培养良好意志品质的心理基础；更重要的是，要引导人们在经常性地克服困难中锻炼自己的意志。人格健全、心理健康是人们接受正确价值观念、形成科学的共产主义信仰信念的基础。

总之，我们在对高校思想政治教育内容进行优化组合时要时刻注意贯彻以思想教育为指导，政治教育为核心，道德教育为重点，心理教育为基础的原则。

第三章　高校思想政治教育教学方法的创新

第一节　教学方法的理论基础

教学方法或教学策略，作为“对象自身中取得规定的东西”，有其深刻的理论基础。教师不仅要知道某种教学方法是什么，而且要理解它之所以如此的根据。关于人的认知因素和非认知因素发展规律的理论以及人的学习规律的理论，尤其是关于人的学习动机和学习机制的理论，是教学方法的理论基础。

一、行为主义学习理论

（一）学习及其机制

在行为主义看来，当环境刺激使学生的反应发生相对持久和可观察的变化时，学习就发生了。在这里，学习是一个“刺激—反应”的过程和结果。刺激是可观察到的环境事件，反应则是学习者的外显行为。行为主义学习理论认为，人之所以会产生学习反应，主要因为两种机制。

一是经典条件作用，即由于条件刺激与无条件刺激反复同时呈现，条件刺激也能够引起相应的条件反射。巴甫洛夫（Ivan Petrovich Pavlov）在实验中将肉末（无条件刺激）和铃声（条件刺激）同时呈现，狗逐步学会了将它们联系起来，于是铃声也能引起狗的反应。这个原理可以解释学生诸多情绪反应和态度。比如，某学生在高中时有几次看政治理论方面的书籍受到老师称赞，感到很高兴，现在大学里看到课表上的思想政治理论课名称时，他也会感到高兴；再如，某学生上学期学习一门思想政治理论课，成绩不理想，心情比较糟糕，这个学期听到另一门思想政治理论课的名称时，他就感到紧张和不适。这种先于某种行为或情绪反应的刺激称为前因。前因作为一种条件刺激，能够引起一系列相关的反应。因此，创设积极有效的前因，是一门重要的教学艺术。

学习的另一种机制是操作条件作用，即学生的某个特定行为所引起的特定结果，会使该行为更可能发生或更不可能发生。例如，某学生学习很勤奋，得到教师的赞许，那么这个学生会更加勤奋；某学生每次课按时到课堂，教师表扬他，那么该学生今后会更多地表现出按时到课堂的行为。斯金纳（Burrhus Frederic Skinner）和桑代克（Edward Lee Thorndike）发现，行为根据紧随的结果而发生变化，愉快的结果加强行为，不愉快的结果减弱行为。换言之，愉快的结果提高了个体做出某种行为的频率，而不愉快的结果降低了该行为出现的频率。也就是说，行为之后产生的结果，会作为一种刺激对该行为产生影响，这就是操作条件作用。任何能增强行为频率的环境事件都是强化物。对于青年大学生而言，社会性强化物如教师的表扬与赞许、认可与期待、微笑与关注、积极的面部表情和姿势等，对学生的学习行为具有更加有力的强化作用。

（二）强化、惩罚与学习

根据行为反应之后出现的结果对该行为产生的影响，行为主义学习理论区分为四种不同的结果：正强化、负强化、给予惩罚、移除惩罚。

通俗地说，正强化是学习者的某一个行为发生之后产生了学习者认为有价值的或满意的结果，它会使该行为更有可能再次发生。例如，学生按时交作业，受到了教师的表扬，“按时交作业”这个行为产生了“受表扬”这个满意的结果，则他会更加按时交作业。因此，教师对该行为的表扬增强了该行为再次产生的频率，这就是正强化。

负强化是学习者某一个行为发生之后能够避免或逃避学习者觉得不愉快的事情，它也能使该行为更有可能再次发生。例如，学生发现，如果按时交作业，教师就不会责备，那么他就会更有可能按时交作业，这样可以避免被责备。教师没有责备学生，这对于学生按时交作业的行为而言就是一种负强化。

给予惩罚是某一个行为发生之后产生了学习者认为不愉快或不喜欢的结果，它会使该行为再次发生的可能性减小。例如，学生没有交作业，受到教师批评，学生不交作业这种行为的频率会降低。在此，教师的批评就是一种惩罚。

移除惩罚是某一个行为发生之后，学习者所看重的某种有价值的东西被剥夺，它也会使该行为再次发生的可能性变小。例如，学生没有交作业，教师不允许他用手机。教师剥夺了学生使用手机的权利，这就是一种移除惩罚。

更通俗地讲，正强化是行为之后给予学生喜欢的东西；负强化是行为之后消除学生不喜欢的东西；给予惩罚是行为之后给予学生不喜欢的东西；移除惩罚是剥夺学生喜欢的东西。前两类结果能够增加行为再次发生的可能性，后两类结果能够减少行为再次发生的可能性。

（三）行为主义学习理论的教学方法论意义

第一，行为主义学习理论对于教学的意义，表现在它为程序教学法奠定了比较坚实的理论基础。程序教学法所遵循的小步子原则、及时强化原则等，都是奠基于行为主义学习理论。

第二，行为主义学习理论对于教学的意义，表现在它为行为塑造和课堂管理提供了一种具体策略。通过合理运用强化和惩罚，教师可以有效地在学生身上塑造出所希望的行为，消除所不希望的行为，从而增强行为塑造和课堂管理的有效性。一是必须及时，以便在行为与结果之间建立有效的联系。二是必须具体，要让学生明确地知道为什么受到强化或惩罚，不能简单地说“很好”，而是要具体地说“概括得很准确，很好”或“对问题的展开很充分，很好”，以便精确地塑造或消除学生的某种行为。三是强化或惩罚必须发自内心、自然而然，避免假意虚伪。四是要善于选择对于大学生而言有效的强化物，适当辅之以非言语的正强化物。五是公开表扬和私下表扬相结合，考虑和避免公开表扬可能会给学生带来的惩罚性影响。

第三，运用行为主义学习理论，关键是要认真理解强化与惩罚的内涵及其运用原则。对学生来说，某种结果（学生的行为所引起的后果）是具有强化意义还是具有惩罚意义，这不是绝对的。通常，教师认为，对学生的某种行为给予表扬，这是一种强化，而批评是一种惩罚。但实际情况可能恰恰相反：表扬可能具有惩罚的作用，批评则可能具有强化的作用。例如，教师因为某位学生准确回答了问题而点名表扬他，意图是想实施正强化以激发他更加认真听讲。但学生或许将教师的点名表扬理解为一种惩罚，可能因为教师所提的问题在同学们看来是太简单的问题，而大学生通常很在意同学的看法，因而教师的点名表扬反而被理解为一种戏弄。这启示我们，教师必须审慎地采用强化或惩罚。

第四，在教学的有些领域（如课堂管理、程序教学等）运用强化理论是比较有效的，但也存在持续的争议。对它的主要批评意见有：运用强化和惩罚来开展教学，是一种教师中心主义的方法，忽视了学生自主合作、探索和发现的学习机制；强化和惩罚是一种控制学生的技术，阻碍了学生的自我控制和自我教育；强化系统会降低学生对学习的内在动机，而且强化系统是不可持续的，等等。应该说，这些批评意见是中肯的。因此，教师要深刻理解强化理论的适用限度和边界，避免运用失范和失当。

二、信息加工的学习理论

信息加工理论是认知学习理论众多分支中的重要一支。信息加工理论把学习理解为有意识的信息加工过程，理解为“获取信息—加工信息—提取信息”的过程。

（一）知识的类型及其表征方式

认知心理学家认为，人脑以不同的方式来表征不同的信息。信息在人脑中被表征的方式就是知识表征类型。认知心理学家所说的知识表征类型，是指人在自己的工作记忆和长时记忆中对信息的表示方式。知识按照表征方式，可以区分为陈述性知识和程序性知识。陈述性知识是能够被人陈述和表述的事实、概念、命题等知识，其基本知识单元是知识组块，主要的表征方式有言语表征、心理表象表征等。程序性知识则是关于怎样做的知识，涉及心智技能和认知策略，其基本单元是“产生式”，即“如果—那么”的心智操作程序。陈述性知识可以被组织为图式，即一种具有内在联系的知识结构或知识网络；程序性知识可以被组织为复杂的产生式系统。思想政治理论的知识大都是陈述性知识，如概念、命题、原理等，也包含复杂的程序性知识，如知识间的联系与区别、运用知识和原理分析问题等。

认知图式和产生式系统深刻地影响着学生的学习过程。第一，学生是否善于以时间序列（标志事件发生的次序）、表象（标志客体间的空间关系）以及命题（标志词语、观念及概念之间的有意义的联系）等方式，对知识组块进行心智操作，并形成认知图式，在根本上影响了学习的效果。第二，学生已经形成的知识结构，是他们学习新知识的背景和“构架”，也就是说，学生对新知识的理解是以他们原有的知识背景为基础的。心理学家巴特莱特（Frederic Charles Bartlett）在一项关于检验大学生记忆效果的实验里，首先让他们阅读一篇文章，然后以逐渐增加时间间隔的方式加以回忆。实验表明，如果被试没有或缺乏相关的图式（知识背景和知识结构），那么，他们倾向于记住其中一部分而忘记另一部分，或添加一些文章中没有的信息。总之，被试往往根据某种熟悉的图式去理解故事情节，而且倾向于通过某种加工（遗漏或添加信息）从而使阅读材料富有意义。这就要求教师要善于立足学生的背景知识和已有的知识结构来展开教学。第三，学生的知识结构不仅影响新知识的学习，也是他们的个人习惯、价值观和信念结构的基础。

认知图式和产生式系统也深刻地影响着教师的教学效果。教师的有效教学需要专业知识和教学理论（陈述性知识），也需要如何组织知识和如何运用教学理论的知识（程序性知识）。不仅如此，教师还要指导学生有效地形成知识网络，有效地形成和运用学习策略，这些在一定意义上比传授知识本身更为重要。

（二）信息加工的基本过程

人的信息加工是从感觉到注意，再到知觉和记忆的复杂循环系统，具有复杂的信息编码、编辑和提取等加工机制。

1.选择性知觉

人的信息加工过程从选择性知觉开始，这是信息加工过程的第一个阶段，这个阶段包括注意和知觉两个环节。人在每一个瞬间都会接触到大量的信息，其中并非所有的信息都被人所注意和知觉。在实际的认知过程中，人首先对感官所感知到的信息进行识别，其中一部分信息被注意和知觉。哪些信息引起人的注意，哪些信息没有引起人的注意，这取决于人们对这些信息的价值识别，这就是选择性知觉。在注意的过程中，外界事件容易使人的注意自发转移，这称为“朝向反射”，引起人的注意自发转移的事件，称为“朝向刺激”。在教学过程中，教师首先要通过强调学习内容的价值、适度重复、变换语气语调和语言节奏等方式，努力使传授的信息被学生注意，并努力使学生保持注意。学生将所注意到的知识信息作出何种的意义确认，取决于刺激情境以及学生的知识背景。同一个知识信息，在不同的刺激情境中呈现，学生对它的意义的知觉是不同的。教师要仔细思考知识的呈现方式，以促进学生对知识意义的正确知觉。

2.工作记忆

人的信息加工过程的第二个阶段是工作记忆，它是类似于“思考”的过程。人知觉到新信息以后，利用从储存于长时记忆中的知识结构里提取出来的相应知识对它加以分析和表征，这样我们就学习了新知识。人的工作记忆有两个很重要的特征：一是工作记忆对信息的持续时间长短可变，只有那些被知觉为重要的信息才能维持激活状态，并被有效编码和表征；另一个特征是工作记忆的容量有限，有 7±2 个信息组块。这两个特征要求教师在教学中要做到以下方面：第一，对于核心知识，教师要有意识地给予强调，尤其是要强调知识的意义和价值，以便促进它在工作记忆中的激活与编码；第二，合理调节教学节奏和教学信息量，避免工作记忆超负载；第三，帮助学生将个别知识进行连接以形成知识组块，并学会有效的程序性知识表征方式。总之，教师只有对工作记忆的局限性具有敏感性，才能帮助学生优化自己的工作记忆能力，从而提高学习的效果。

3.长时记忆

人的信息加工过程的第三个阶段是长时记忆。知识被编码或编辑后储存于长时记忆中，长时记忆是人的知识的储存地。信息加工理论揭示了优化长时记忆的三个重要策略。

第一，主动学习与精细加工。主动学习与被动学习有很大区别。在主动学习中，学习者有意识地调整自身的注意力、知觉和记忆活动，积极地对知识进行编码，探寻知识的意义，并对知识进行精细加工。所谓精细加工，是指对所学习的知识进行深度思维加工，包括补充、重组、回忆、概括、深思和推理以及理解材料的意义等。主动学习和精细加工是有效学习的重要机制。

第二，在有助于正迁移的情境中学习。学习的迁移是指一种学习对另一种学习的影响。例如，如果学习者所遇到的问题与原先学习时已经解决的问题类似，那么学习者更可能回忆起原先学习过的问题解决策略，并将其运用到新的问题情境中，这就是原先的学习对现在的学习产生了积极影响或正迁移。实际上，这是学习者在长时记忆中提取相关知识，用以解决新问题的过程，依据不同的标准，迁移可以划分为不同类型：根据迁移的性质，有正迁移、负迁移、零度或不肯定迁移；根据迁移的方向，有顺向迁移和逆向迁移；根据迁移的内容，有一般迁移（原理和态度的迁）和特殊迁移（具体知识和技能的迁移）。有效教学的一个重要条件是，构建有助于正迁移的学习情境。在有助于正迁移的情境中学习，不仅能够提高学习效率，而且有助于对学习内容的理解以及促进长时记忆的提取。

第三，构建元认知。元认知是对认知的认知，包括对自身学习的信息加工过程的了解，以及设定目标、自我调控、选择学习策略等心智操作。元认知更多地作为一种程序性知识储存于长时记忆之中，对于学习效果具有重要意义。

（三）信息加工学习理论的教学方法论意义

信息加工学习理论把学习过程理解为信息识别、信息编码、信息储存、信息提取等过程，其教学法意义主要体现为以下方面。

信息加工学习理论揭示了知识的类型及其表征方式，启示教师必须高度重视知识表征的类型。从认知学习理论的观点看，不同的知识，人们对其进行有效表征的方式是不同的。优秀的教师高度重视知识的表征类型，并由此选择和运用有效的教学方法。促使教师在教学过程中的某一环节上改变教学方法的理由很多，包括激发学生的学习动机，注意到学生原有的知识背景等，但在当今的认知心理学家看来，其中最主要的理由是关注所要传授的知识表征的类型。

信息加工学习理论揭示了知识在头脑中编码和加工的基本阶段，启示教师必须有意识地激发并维持有意注意和选择性知觉。教师在教学中可通过变换刺激的方式（如强调、提示、停顿、变换节奏和语音语速等）来引起有意注意、消除朝向反射；教师在讲课的同时，要“察觉”学生的注意和知觉状态，并根据实际状态采取相应的调节策略，切不可不顾学生的反应，自说自话地讲下去。

信息加工学习理论揭示了人在学习中工作记忆的一系列规律，启示教师必须根据工作记忆的时效性和有限性原理，保持合理的教学节奏和教学信息量。教学节奏不能太快，也不能太慢，而要以学生有效知觉和编码为基本尺度；教学要有一定的信息量，但也不能产生记忆超载，尤其要避免碎片化的、杂乱无序的信息刺激。教师要善于引导学生建立知识之间的联系，以形成知识组块，从而增加教学的有效信息量。

信息加工学习理论对于教学的意义，最后表现在它提出了人在学习中优化长时记忆的一系列策略，这些策略对于教学具有重要启示。

首先，教师必须善于结合学生已有的知识背景组织教学，使新知识与学生已有的知识产生有效联系，从而促进其形成知识结构。教师必须了解学生生活空间的区域或部分之间的关系，并要确定存在于他的生活空间的边界内、边界上及边界外的各个因素的特性。此外，教师必须估计学生生活空间不同区域的边界的可渗透程度。这种可渗透性指的是学生怎样容易接受改变。教师应该把教学集中在对现实的具体的或想象的极端水平上，以便他们的学生能把教师的态度和思想看成他们各自生活空间的一部分或区域。这样，学生的生活空间便可以通过师生的共同探索，得到建设性检查和逐步改善。这样的教学，不仅有助于引起学生的积极知觉，而且有助于扩展学生的心理空间。

其次，教师必须为学生的精细加工创设环境，增强认知编码的有效性，促进有意义学习。有意义学习包含了对于新信息和存储在长时记忆中的信息之间关系的认识，体现为学习者把新信息与他们已有的知识相联系的认知过程。而形成有意义学习的主要形式就是“精细加工”，包括组织和表象，组织是指以一个有逻辑的结构整理新知识，视觉表象是指形成对事物或概念的心理图像。基于此，奥姆罗德（James Ormrod）提出了促进有效教学的若干策略：吸引和保持学生的注意力；把新概念和学生已有的知识和经验联系起来；顺应学生背景知识的多样性：提供学生能够建构的经验基础；鼓励有效的长时记忆存储；呈现可以鼓励精细加工的问题和任务；展示新概念是如何相互联系的，积极地促进视觉表象；给学生时间去思考；提供大量机会去练习重要的知识；给予学生重建他们所学知识的建议；定期评估学生的学习和认识；确认和解决学生的误解；关注对意义学习而非机械学习的评估等。这些建议策略涉及认知、记忆、提取策略等方面，对有效教学具有重要意义。

第三，教师必须帮助学生形成知识图式。在认知加工理论看来，促进图式形成的方式主要有：为人的工作记忆提供支持；选择概念或范畴的适当样例；鼓励学生在形成范畴的图式时，自己找到或提出该范畴的正确样例，呈现图式的正反例证，选择匹配的反例。为了促进图式的形成，教师或教材应该让学生考察在无关特征方面广为不同的正例，以防止学生将某些无关的特征当作图式本身的组成部分；为了促进图式的改进，教师或教材应该让学生在考察正例之后，紧接着考察反例或匹配的反例，以便通过正反例证的比较，进一步深化对图式关键特征或关键属性的了解。

第四，教师要善于促进学习迁移以及帮助学生发展认知策略和元认知策略。教师要根据学习迁移的原理，增强知识呈现的情境与学生社会生活中的实际情境的相似度，从而促进正迁移。教师要预期他们在课堂上教授的知识可能会在哪些情况下使用，然后运用这一知识来设计学习活动，提供与预期将来会使用的相类似的情境。另外，教师还必须帮助学生发展认知策略和元认知策略。认知策略和元认知策略作为一种思维习惯，包括记忆策略、思维策略、批判性思维策略、精细加工策略等，它们对认知过程具有重要的激发和调节作用。以记忆策略为例，教师应该帮助学生培养以下重要的记忆策略。①以理解促进记忆，学习达到透彻领悟的材料，特别是达到概括性领悟或理解程度的材料，会变成个人的个性结构的一个持久的部分。②以强烈的学习愿望和学习心向来促进记忆。学生认为是否有理由记住某个原理以及自己认同什么观点，在很大程度上会影响记忆的品质。③以积极的学习方式促进记忆，“艾宾浩斯遗忘曲线”表明，及时复习、间隔复习对于促进记忆具有重要意义。除记忆策略外，教师在教学中还要有意识地帮助学生培养良好的思维策略、批判性思维策略以及精细加工策略等。

第二节　高校思想政治主要教学方法及规范

如果说教学模式是高校必须思考的问题，那么，教学理念和教学方法则主要是教师必须理解的问题。教学最终体现在教师的课堂教学行为上，体现在教师具体的教学方法上。因此，教师应掌握课堂教学最主要的教学方法及其基本规范。

一、讲授法及其策略与规范

讲授法是一种直接教学，是教师通过口头语言行为向学生系统传授知识，并促进学生情感和思想品德发展的教学方法。讲授法是教师直接将信息传递给学生，并有效地分配课堂时间，以尽可能高效地实现一系列明确界定的目标。直接教学尤其适用于教授那些学生必须掌握的、定义明确的信息或技能。讲授法是思想政治教学中最主要的教学方法，几乎任何一种教学模式和教学方法都包含讲授法。由于讲授法的特殊重要性，许多教学理论家都明确提出了运用讲授法的一系列教学策略和规范。我们还可以从前述各种教学理论中吸取讲授法的一般教学策略。

（一）讲授法的主要形式

讲授法有讲读、讲述、讲解、讲评等不同形式。讲读是讲和读的结合；讲述是介绍学习材料、叙述事物变化发展的过程等；讲解是对概念、原理、规律进行分析、解释或论证等；讲评主要是对理论和原理以及学生的学习过程和结果进行评价。讲读、讲述、讲解和讲评的区分是相对的，实际上它们之间也相互联系。

（二）讲授法的一般步骤

综合赫尔巴特（Johann Friedrich Herbart）的“四步教学法”、杜威（John Dewey）的“五步教学法”以及相关教学过程理论，运用讲授法一般要遵循以下步骤：①组织教学，简明地阐述学习目标，集中学生注意力，激发其学习心向；②扼要地回顾和复习先前学习的相关知识，激活学生的相关背景知识，逻辑地提出新的学习内容，可以运用前后知识衔接、创设疑难情境、运用案例典故等方式引入新课；③讲解新知识，根据学生学习的状态调整教学节奏；④围绕教学内容简要讨论，并回答学生提问；⑤课时教学小结，提出需要思考的问题或将要学习的内容。

（三）讲授法的内容要求

讲授法最重要的要求是对讲授内容本身的要求。讲授内容和内容的呈现要有条理性，切忌缺乏关联性和逻辑性、杂乱无章；要突出基本性和基础性，分清哪些是“主食”，哪些是“辅料”，“辅料”要为“主食”服务，不能“辅料”太多而“主食”简单带过；要突出导向性，案例和例证要为讲授服务，切忌“跑偏”；案例和例证要富于典型性、教育性和启发性；还要注重讲授内容的整体性，善于将知识从横向到纵向贯通起来，避免讲授内容的孤立化和碎片化。

（四）讲授法的策略要求

有效运用讲授法，需要认真研究和思考如何讲授的问题。许多教师认为，自己讲了十几年甚至几十年的课，怎样讲授已经不成问题了。其实，讲授法需要有效的策略，是否善于运用有效策略是影响讲授法效果的重要因素。比如，要根据教学内容的主次、难易、顺序和系统而采取精讲、细讲、先讲、后讲、重讲、串讲、略讲或不讲。重点内容精讲，难点内容细讲，破题内容先讲，结论内容后讲，系统内容经常串讲，次要内容略讲，易懂内容不讲。讲课时应留有余地，耐人寻味，要启发学生积极思维。“道而弗牵”“开而弗达”，学生思维随着教师的讲课而紧张活动，兴趣盎然，注意集中，情绪活跃，学习主动积极，卓有成效。再如，强化所学知识与学生已有知识的联系、课程内部知识与其他课程知识的联系；由抽象引入到具体例证和分析，再到总结，或由具体列举引入到分析概括，再到总结；适当运用视觉辅助；有条理地呈现材料，控制单位时间内的合理信息容量等，都是讲授法的重要策略。

（五）讲授法的言语行为和非言语行为艺术

口头语言行为是讲授法的核心要素。语言要清晰流畅、准确精练、条理清楚，讲授的音量和速度要适度，抑扬顿挫，要根据学生的专注程度有意识地调节。要辅之以眼神、手势、姿态和面部表情，提高语言的感染力。要认知自身可能存在的下意识动作，如搔头摸耳、眼睛望窗外或天花板、摆弄粉笔，以及口头禅和无意义重复等，并努力克服。

讲授过程中，教师要关注学生的反应，避免语速过快（或过慢）、音量过大（或过小），以及平淡拖沓、心不在焉。在非言语行为方面，关键是要使学生知觉教师对知识和真理的热爱、对教学的热爱以及对学生的热爱。这就要求教师在讲授时，心中要有学生，要注重教态和教师仪表，饱含教学热情。

（六）讲授法的板书要求

板书是讲授法的重要辅助手段，板书的基本要求有：板书要结合教学内容进行设计，通常有逻辑要点式、结构图型式和图表演示式三种形式；板书既要系统完整，又要简明扼要；板书要正确规范、书写美观。

二、问答法及其策略和规范

问答法或谈话法是通过师生问答、对话等形式来展开学习和探究的一种教学方法，一般与讲授法同时运用，也可独立运用。问答法有助于通过师生互动来激发学生思维，培养其独立思考能力和言语交往能力，是思想政治教学广泛运用的方法。

（一）运用问答法的目的

运用问答法，主要是为了深化学生对问题的思考和探究，同时也是为了评估学生对教学内容的掌握情况。一般不宜将问答法作为课堂管理的一种手段，比如，用比较偏僻深奥的问题来“拷问”没有专注听课的学生，或用提问方法来检查学生课堂出勤情况等。问答法强调师生双方围绕一个问题层层深入地探究，其目标指向是学生对问题的理解而不是管理学生。同时，要让学生知觉和体验到教师运用问答法的动机的真诚性，否则问答法就会失去其作为教学方法的意义。

（二）运用问答法的一般流程

第一，设计问答计划，问题要明确且具有挑战性。

第二，开展问答教学。教师要善问，要设计从一个问题过渡到另一个问题的策略，提问、设问、追问、反问等要注重激活和深化学生的思考；要注重启发诱导，揭示问题的关键和本质之所在，提示分析问题的可能视角。

第三，问答总结。要概括问题的实质，梳理回答问题的视角，归纳和分析对问题的各种观点，启发进一步思考的路向。

（三）运用问答法要避免的两种倾向

一种倾向是教师居高临下，对学生不愿意或不会回答的情况一味责备，不能容忍学生回答错误，不能容忍学生同教师有不同的意见等；另一种倾向是把问答法形式主义化，片面理解和追求课堂活跃度、学生参与度或“抬头率”等，用简单低级的问题，一问一答机械地进行，浮于表面的“热闹”或“表演”，没有学生的专注和审思，没有师生间的深度对话和交流。真正意义上的教学互动、学生专注和参与，不是表面的“热闹”，而是理智和情感的卷入以及思索过程的热情与陶醉。

三、讨论教学法及其策略与规范

讨论教学法是高校思想政治教学的常用方法。讨论教学是在教师的主导下，充分发挥学生的主体性，旨在深化学生对知识的理解，增强学生对问题的辨识，加深学生对情境或理论意义的体验，拓宽学生的知识视野，提高学生分析问题和解决问题的能力而采用的一种教学方法。

（一）讨论教学法的主要形式

讨论教学法主要有主题讨论、案例讨论、课题研究讨论、读书会讨论、辩论讨论、嘉宾参与讨论等多种形式。主题讨论和案例讨论是教师组织学生围绕一个教学主题或案例，以分组形式或个别发言等不同方式，运用说理与论证、列举与归纳、比较与辨析、反驳与批判、概括与总结等思维操作，对教学主题或案例进行深度阐述的教学方法。课题研究讨论是教师组织学生开展课题研究（或一组学生共同完成一个课题，或多组学生分别完成一个课题，或一名学生独立完成一个课题），学生在课堂上交流和讨论课题研究过程、结论和感悟的教学方法。读书会讨论是教师组织学生开展课外阅读（或全体学生阅读指定的文献，或分组阅读不同的文献），学生在课堂上交流和讨论阅读感悟的教学方法。辩论讨论是教师组织学生以辩论的方式，对两个对立的观点或立场进行辩护或批驳，从而深化学生理解的教学方法。嘉宾参与讨论是教师组织学生模拟嘉宾或真实邀请嘉宾，围绕某个主题以嘉宾叙述或嘉宾与学生对话等方式开展教学的一种教学方法。在实际运用中，上述讨论形式往往是相互交叉的。

（二）讨论教学法的一般步骤

不同的讨论形式，有不同的操作步骤。概括起来，讨论教学法的一般步骤有：讨论主题的选择；讨论活动的准备，包括确定中心发言人选、学生准备发言内容、讨论条件准备等；讨论过程的展开与引导；讨论总结与讲评。

（三）讨论主题与准备

讨论教学的关键之一是讨论主题的选择。讨论主题要根据教学目标和学生实际，有计划地精心设计，一般由课程教学组集体设计。讨论主题一般选择重大理论问题或重大现实问题，既不能过于宽泛，也不能过于具体；既要有思想性和教育性，又要有可讨论性；既不能过于专业化，又要有适度的理论性。讨论主题要具有较大的讨论空间，能够激发学生进行多维度的思维和探究。讨论前，教师要向学生讲明讨论主题和讨论要求，要指导学生围绕讨论主题确立思路、收集资料、创造条件，要检查学生围绕主题准备相关资料的进展情况。

（四）讨论过程的引导和总结

讨论教学的另一个关键是过程引导。在讨论过程中，教师既要鼓励学生大胆发言，充分交流，又要引导学生聚焦主题，切忌跑偏跑歪。教师要善于激励学生广泛参与，可适当提示讨论角度的变换或延伸等，引导学生围绕主题进行深入的互动探究和意义构建。对于讨论过程中的非预期事件，教师要准确判断并有效引导。讨论临近结束时，教师要进行总结讲评，讲评应充分肯定学生，并提出进一步思考的建议。在讨论总结时，教师尤其要处理好肯定学生主动思考的价值与有理由地质疑学生观点之间的关系，从心理学角度来说，一种虚心的、公开的气氛，对于激发学生自觉学习是必要的。但是，一位教师承认每个学生和所有学生思考的基本价值，不等于他承认学生提出来的每个意见和所有意见在理智上的正确性。这需要有一种教学艺术，以使教师能对课堂上出现的某一主张提出疑问，而不是对提出这个主张的人的真诚提出疑问。通俗地说，就是既要对学生阐述的一些似是而非的观点进行引导，又要肯定学生积极思考的价值，努力使学生通过讨论来体验思考和探究的意义。

（五）在讨论教学中，教师要明确定位

要处理好学生主体作用和教师主导作用的关系，处理好平等交流与思想引领的关系，处理好重点发言与普遍参与的关系。总之，要立足教学目标、课程内容和学生实际，精心组织，加强管理，使讨论教学法达到最优效果。

四、学生主导型教学法体系及其策略和规范

随着主体性教学理念的普及，学生主导型教学法被不断运用于思想政治理论教学之中。这些教学法主要有合作学习、同伴教学以及自主学习和发现学习等。

（一）学生主导型教学法的主要特点

学生主导型教学法的主要特点是强调学生学习的自主性、参与性和合作性。合作学习中的小组学习或课题研究学习，突出小组成员的互相合作；自主学习把课程计划中的部分内容交由学生独立完成；同伴教学重视互教互学；发现学习强调学生独立或合作的探究与发现过程，这些方法都强调学生的自主、参与及合作。发现学习的倡导者布鲁纳（Jerome Seymour Bruner）曾说："我们讲授某门课程不是为了生产记载该学科知识的活的文库，而是要让学生自己去思考……像历史学家那样去考虑问题，去参与获得知识的过程。理解是一个过程，而不是一个结果。"在这里，教师把学习的自主权交给学生，包括学习目标设定、学习内容选择、学习步骤安排甚至是学习效果评定等，都交由学生完成，使学生真正成为学习的主体。

（二）学生主导型教学中教师的主要任务

在学生主导型教学中，教师的主要任务是为学生"搭脚手架"。所谓"搭脚手架"，就是为学生的自主学习创造必要的环境和条件，如使学生保持完成任务的动力，帮助学生制订自主探究的任务和计划，设计学生感兴趣且有挑战性和教育意义的讨论主题，创造有利于辩论和建设性评价的课堂氛围，通过提问促进学生有效思考，给学生提示目标和有效思路，经常给予学习的反馈建议，为学生提供帮助，尽可能使其高水平地完成任务以提高自我效能感等。此外，教师还要创设一种智力探究的愉悦环境，让学生体验到理智活动的乐趣。

（三）学生主导型教学中教师的作用

在学生主导型教学中，教师由讲授者和组织者转变为指导者和建议者，这只是任务和角色的转变，并不意味着对教师作用和地位的否定。事实上，在学生主导型教学中，教师“搭脚手架”的工作对于教学效果尤其重要。学生学习动力与信心的激发和保持，学生自我效能感的培养，以及有利于促进学生自主学习的环境和氛围的营造等，是学生主导型教学能否取得成效的关键因素。“脚手架”搭得好不好，指导和建议的质量及水平，不仅关涉理论知识的学习，而且关涉学生对理智本身和对生活的态度。

第三节　高校思想政治教育教学方法改革创新

近年来，高校思想政治教学方法改革研究受到前所未有的重视，一大批专项研究项目深入开展，推出了一系列研究成果。同时，广大教师扎实地开展课堂教学方法创新，探索形成了诸多具有推广价值的教学模式和教学方法。但应该看到，思想政治教学效果与党和国家的要求和学生的期待相比，还存在较大的距离；学生的专注度和参与度还不高；教学方式方法改革创新尚需要进一步推进。

一、高校思想政治教育教学方法改革创新的着力点

思想政治教育教学方法改革是一个系统工程。我们认为，必须重点抓好以下三个着力点。

（一）理论与实践相结合

理论与实践相结合，是思想政治教育教学焕发活力的关键所在，也是教学方法改革创新的重要着力点。这不仅是因为马克思主义理论根植于生活实践，脱离了生活实践的单纯的理论教学难以展示它内在的魅力；更因为我们对现实生活的认知迫切需要理论的

滋养，没有科学理论的滋养，我们就难以产生对生活的热情。因此，理论讲授要联系现实生活，理解现实则要回望理论。把理论与实践结合起来，既是增强理论自身魅力的必由之路，也是点亮生活智慧的必由之路，还是思想政治教育教学方法改革创新的重要着力点。

第一，理论教学要密切联系现实生活，理论教学要联系近代以来中国革命和社会主义建设的恢宏历史，要联系改革开放以来中国特色社会主义事业的伟大历程和光辉成就，要联系中国特色社会主义建设的历史性特征和宏伟蓝图，要联系几千年中华民族和人类文明发展史。马克思主义理论的魅力既体现为它的理论本身的逻辑力量，更体现为它对实践生活的巨大指导作用，离开了历史和现实生活的生动素材，理论教学就难以具有亲和力。

第二，理论教学还要联系当代大学生的思想现实和理想抱负。学生不是单纯地接受知识的容器，而是具有丰富而复杂思想和情感的人，他们渴望认识历史、认识社会、理解人生，学生头脑中已有的思想和情感既是他们认识和理解外部世界的支点，也是思想政治教学的起点。只有密切联系学生实际，思想政治教学才能讲到学生心坎上，才能引起其强烈的共鸣和认同，理论知识才能真正内化为他们观察生活和理解人生的科学支点。

第三，理论教学联系现实生活和学生实际，并不意味着忽视理论在教学中的重要性。恰恰相反，联系实际是为了更好地展现理论本身的魅力，更好地彰显出理论的力量，从而更好地使理论成为照亮大学生人生道路的灯塔。强调理论要联系实际，并把它作为教学方法改革创新的着力点，必须坚决反对那种简单地罗列事实或列举故事的做法。在教学中，援引现实案例、列举生活事实，目的不在于这些案例和事实本身，也不仅仅在于通过这些案例和事实使教学更加生动有趣，而在于帮助学生认识理论的逻辑及其内在力量，促进学生将理论内化为他们的精神世界的元素和营养。

（二）传授知识与培养情怀相结合

传授知识与培养情怀相结合，既是教学的教育性原则对一切课程教学的共同要求，更是对思想政治教学的要求。自然科学的教学在传授科学知识的同时，还要培养学生认识自然的方法论和科学精神，理解自然本身的魅力；人文社会科学的教学在传授人文知识的同时，还要注重培养学生认识历史和人生的方法论以及人文精神，感受人类和人类历史的魅力。思想政治理论教学更要将两者紧密结合。

第一，正确把握教学过程中掌握知识与提升素养的关系，树立传授知识与培养情怀相结合的教学理念。在传授知识的过程中，教师要引导学生积极思考，并由此培养学生的思想情怀。要努力使学生把获得知识当作一种手段，使知识经常起作用于学生的脑力劳动、集体生活和学生的相互联系，起作用于生动和连续不断的精神财富交换过程，没有这一过程，智力、道德、情感和美感的真正发展是不可想象的。在学生的脑力劳动中占首位的，不是熟背、死记别人的思想，而是学生自己进行思考，这种思考是一种生机勃勃的创造，借助语言认识周围世界的事物和现象，因而也是认识语言本身的细微差异。要认真研究如何充分发掘知识的方法论意义和作为人生智慧的生活价值，突出马克思主义理论的价值追求，以及凝结在理论和知识之中的中国共产党人的智慧和情怀，并围绕这种意义和价值、智慧和情怀来组织教学内容，以之为“红线”贯穿教学过程。

第二，加强对培养情怀的教学方法论和具体教学方法的探索和研究，推进将传授知识与培养素养相结合的教学理念转化为操作性的教学方法。要认识大学生思想素养形成的一般规律，探寻思想政治教学培养人的思想素养的发力点，认真研究如何在各种教学模式尤其是“中班教学+小班讨论”及“知识—方法—境界”和“知识—情感—信念”三位一体的教学模式中强化思想素养的培养，研究如何改革讲授法等教学方法的步骤和策略，更好地把传授知识与培养情怀统一起来。

第三，要研究传授知识和培养情怀相结合的操作方案。比如，思想政治理论教学从什么角度来培养学生的素养和情怀？它与学校思想政治工作的角度有何区别和联系？知识与情怀之间是什么关系？知识如何转变为情怀？大学生思想情怀有什么特点和规律？这些是教学方法改革创新必须回答的问题。

（三）传统教学方法与现代教学方法相结合

科学合理地运用现代教学方法，充分发挥传统教学方法的优势，将两者有机结合，是思想政治教学方法改革创新的又一个着力点。

第一，科学合理地运用现代教学方法，这是信息化和网络时代网络终端普及化背景的必然要求。网络世界具有信息海量、生动形象、即时快捷、交互便利等特点，它使课堂阵地和书本载体受到前所未有的挑战。科学合理地运用现代技术手段，推进信息技术与思想政治教学的深度融合，建构大学生喜闻乐见的教学平台、教学模式和教学方法体系，是摆在广大思想政治教师面前的紧迫任务。

第二，充分发挥传统教学方法的优势，也是教学方法改革的基本路向。现代教学方法，如慕课、翻转课堂、学生主导型教学等，都充分了运用网络技术，使知识信息载体多样化和知识传授形式生动化，具有其独特的优势。但任何一种方法都是有局限的，载体多样化和形式生动化也可能产生知识碎片化和表层化，以及学习过程娱乐化和形式化等弊端。有的教师熟悉多媒体技术，比较重视课件，但有的课件稍微花哨了点，有的内容又太多太乱，学生还没有来得及看清楚，课件很快就翻过去了。还有的教师完全依赖课件，一离开了课件就无法上课。对此，有的学生反映，一堂课下来就光看老师的课件了，不知道老师强调的重点是什么。为了提高抬头率，有些课件中的图片虽然很吸引眼球，但与教学内容没有关系，反而分散了学生注意力，这当然也是要避免的。形式服务于内容，在内容与形式之间找好平衡点，就会收到良好效果。因此，教师在运用现代教学方法的同时，必须自觉认识并有效地克服可能存在的弊端，并发挥好传统教学方法的优势。传统教学方法不是要抛弃，而是要变革，要充分吸收现代教学论和学习理论等专门知识的营养，使传统教学方法焕发更大的活力。

第三，要研究传统教学方法和现代教学方法相结合的操作方案。例如，人一机系统的优势与局限是什么？哪些知识适合放置在网络，以什么顺序和结构放置？建构思想政治慕课体系和“微课程”教学的程序教学教材，应该遵循哪些基本原则？哪些知识必须在课堂精讲？慕课和“翻转课堂”中教师如何发挥主导性？这些也是思想政治教育教学方法改革创新需要回答的重要问题。

二、高校思想政治教育教学方法改革应注意的几个问题

教师在抓好教学方法改革创新的着力点的同时，在思想方法上要正确认识教学方法与教学理论、教学方法改革与全面教学能力提升之间的关系，讲求实效，反对形式主义。

（一）正确认识教学方法与教学理论的关系

第一，教师要自觉提升教学理论素养，使教学方法改革在教学理论的指导之下运用。教学方法是教学理论的实践表现，教学理论是教学方法的深层基础，没有教学理论的支撑，教学方法改革必然是盲目的。杜威（Dewey）深刻地指出：“教学方法是一种艺术的方法。”这种艺术的方法从哪里来呢？一般方法的原理可以指导个人方法的改进。所谓“一般方法的原理”，就是指教育教学理论。赫尔巴特（Herbart）也曾指出：“方式在任何地方都不受欢迎，但它在任何地方都存在。”其之所以不受欢迎，是因为它容易陷入僵

化和流于形式。因此，要深入认真地学习关于教育教学的基本理论，而不是简单地复制或拷贝他人的教学方案和模式；学习借鉴一种教学方案和模式，不仅要知道“是什么”，更要理解“为什么”。

第二，缺乏教学理论滋养的“方法改革”，往往会陷入机械主义或形式主义的误区。

比如，当提倡重视学生主体性的时候，有的教师片面地把它同教师主导性对立起来，在实践中表现为否定讲授法的地位，片面地把讲授法等同于“满堂灌”。正如有学者指出的，在教育教学改革过程中，传统的讲授教学法被一些人认为是单纯的知识灌输而被打入冷宫，它的缺点被无限放大，造成了一些课堂讲授时间不足，讲授深度不够。更有一些高校明确限定教师课堂讲授时间，甚至细化到对每一节每一个问题的讲授都有时间规定，过分强调对于视频、音频、图片等媒介的运用时间的保证。

再如，在强调教学要激发学习兴趣的时候，有的教师不去深入研究大学生学习兴趣的本质和特点及其形成和发展的规律，而是简单地认为激发兴趣就是要“搞笑”；有的教师为了吸引学生的关注，提高学生的学习兴趣，往往在课件中加入不必要的信息，包括与课程内容不太相关的花里胡哨的趣味图片、漫画或动画，在幻灯片放映时配上搞笑的声音或背景音乐等。

又如，当我们说要广泛运用多媒体等现代技术手段时，有的教师不是仔细钻研如何运用现代教学手段，而是形式化地把现代教学方法理解为大量运用图文并茂的课件或者生动有趣的音频和视频，似乎课件制作得越花哨，音频和视频资料运用得越多，教学方法就越现代化，课就上得越好。这些现象都说明，加强教育教学理论知识学习具有重要意义。

（二）正确认识改进教学方法与全面教学能力提升的关系

第一，全面教学能力的提升是切实改进教学方法的必要条件。要切实改进教学方法，就必须全面提升教学能力。在某种意义上，没有对思想政治课程属性和教学属性的深刻理解，没有对思想政治教学目标和教学过程的科学认识，就不可能真正改进教学方法。杜威（Dewey）精辟地指出：“如果教师运用这些方法而置自己的常识于不顾，对自己必须要应对的情境也不了解，那么他用这些方法比不用还要糟糕。但是，如果他把获得的这些方法作为思考的工具，这些方法在他获取独特经验的过程中抓住了各种需要，充分运用了各种资源，克服了面临的重重困难，那么这些方法就发挥了建设性的价值。”在杜威看来，孤立地讲方法，而不理解方法运用的情景和各种条件，这是再糟糕不过的事情了。这表明，没有全面教学能力的提升，再好的方法也不可能被科学合理地加以运用。换言之，全面教学能力的提升是切实改进和有效运用教学方法的必要条件。

第二，只有提高全面教学能力，才能真正懂得教学方法的真谛。季羡林先生在谈到他的老师朱光潜先生的教学特点时说："朱先生不是那种口若悬河的人，他的口才并不好，讲一口带安徽味的蓝青官话，听起来并不美。看来他并不是一个演说家，讲课从来不看学生，两只眼向上翻，看的好像是天花板或者窗户的某一块地方，然而却没有废话，每一句话都清清楚楚。"可见，朱光潜先生并不善于演说，也没有花样翻新的"方法"，但他的教学却给季羡林先生留下了深刻而难忘的印象。朱光潜先生讲课"没有废话，每一句都清清楚楚"，这就是全面教学能力，这种能力对于教学来说是比孤立的方法更为核心和重要的因素。

（三）务求实效，反对形式主义

第一，教学方法改革创新，包括形式上的创新，是十分重要的。夸美纽斯（Jan Amos Komenský）在 17 世纪时就强调教学方法的极端重要性，他说："教得好就是使别人能学得快捷、愉快和彻底。"快捷是指不间断地努力学习，没有任何时间浪费；愉快是指在任何一门功课的全部教学过程中，学生不应对他已经完成的功课感到厌倦，而是对尚待完成的功课产生渴望；彻底是指对于他所学习的东西，他应当学得完全、正确，使他能够毫无困难地学了就用。由此可知，凡是缓慢地、令人厌倦地、不完全地传授知识的人就是拙于教学的人。"快捷、愉快和彻底"既是对理想的教学状态的描述，也是对教学方法的期待，夸美纽斯撰写《大教学论》的目的就是要系统地建构和论证有效的教学方法。由此可见，推进教学方法改革创新是十分重要的。

第二，一切方法的创新。创新归根到底是为了取得实效，教学效果是衡量教学方法有效性的根本尺度。我们常说要学习借鉴"好的教学方法"，其实，教学方法原则上没有好和坏之分，只有有效或无效、效果好或效果差等的区别。我们很难说是讲授法好，还是讨论法好，关键是看哪种方法适合教学对象的特点，适合教学目标和教学任务的需要。考察教学方法是否有效，既要看形式，更要看实质，形式上的"热闹"并不一定有实效。比如，在有的课堂中，教师和学生一问一答，师生互动，但如果问和答的问题本身质量不高，或问答流程形式化、问答内容娱乐化，那么这样的课堂教学也难以引起学生心灵深处的震撼。因此，思想政治教学的实效就是充分显现教学的科学美、哲理美、论证美、表达美、构思美、智慧美、德行美、质朴美与创新美等，实现思想政治整体性教学目标。

三、高校思想政治教育主阵地工作创新

（一）筑牢课堂培养阵地，夯实思想政治工作根基

人才培养是高校的中心工作，而课堂教学是人才培养的基础和关键。如何用好课堂教学这个主渠道，让思想政治理论课不断在改进中加强，有效提升思想政治教育亲和力和针对性，满足学生成长发展的需求和期待，是摆在我们面前的重大问题。为此，各大高校应以强化马克思主义学院建设和思想政治理论课程建设为载体，积极创新教育方法，及时更新教学内容。例如，“幸福观教育”“微电影教学法”等是学生喜闻乐见的教育方法和手段。

在教学实践中，各高校还应充分发挥学科专业综合优势，在不断推进第一课堂教学改革的基础上，分别将学生课外科技文化、创新实践、志愿服务等活动加以系统完善，打造提升学生思想水平，促进学生全面成长成才的第二课堂。在第一课堂建设上，各高校应积极整合优质教学资源，着重加强学生中华优秀传统文化教育，培养其高尚道德情操，激励其树立文化自信。在第二课堂建设上，应不断巩固完善“滴灌式”思想政治教育模式，开展形势政策教育、安全教育、社会实践、心理健康教育等专题辅导，面向全体学生开展以读马克思主义经典著作为主要内容的“读经悟典”活动，引导广大学生深入了解党情、国情、社情，形成第一课堂与第二课堂之间互动互补互融的人才培养特色。

（二）抓好教学改革这一关键任务，筑牢“主阵地”

高校应坚持一体统筹，加强思政课程之间的内在逻辑，建设以习近平新时代中国特色社会主义思想为核心内容的思政课课程群；加强思政课与专业课程之间的融合，大力推进思政课程与课程思政建设；加强理论课与实践课程的统一，实施“移动思政课堂”项目，建立“红色文化”实践教学基地，开展各种思政课暑期社会实践，不断完善和丰富思政课程体系。应坚持问题导向，围绕学生关注的事件、面临的困惑等开展专题调研，将教学重点、社会热点和学生疑点有机结合，把学生在日常生活中遇到的政治困惑讲透彻、讲清楚，引导学生树立正确的政治立场和政治方向。在厘清学生的思想问题、解决学生思想困惑中实现固本正源、铸魂育人。坚持守正创新，实施校领导对口联系制，分课程、分小组开展思政课集体备课，提高教师课堂教学效果。积极探索“互联网+”思想政治理论课，广泛运用案例教学、互动教学、辩论式教学等方式，提升思政课凝聚力、

吸引力。以学生获得感为核心实施“品牌思政课程建设计划”，着力培育一批思政课程示范课堂。加强学理支撑，发挥全国重点马克思主义学院学科优势，组织习近平新时代中国特色社会主义思想、党的十九届四中全会精神等专项课题研究，将学科前沿、最新科研成果引入课堂教学，增强教学内容的理论阐释力和现实说服力。推进“研究性学习”，以学生小组的形式开展研读理论著作、研讨理论问题和解决现实问题的训练，提高学生的理论水平和创新能力。休教职工一对一结对子，对口开展志愿服务，助力解决空巢老人的生活问题。

第四章　高校思想政治教育评价的特性与创新

第一节　高校思想政治教育评价的现状分析与特性

高校思想政治教育评价是对高校思想政治教育工作认可的考核的环节，同时也是高校进行思想政治教育过程中重要构成部分。思想政治教育评价具有一定的特性，所以要创新高校思想政治评价，就需要把握其特性进行创新。

一、高校思想政治教育评价的现状分析

高校思想政治教育评价体系一般都是由内部评价体系和外部评价体系共同构成的，并且是以思想政治教育工作的内容作为核心的教育评价体系。虽然我国高校思想政治教育评价体系的相关研究与发展的起步比较晚，但伴随着国民经济水平的增长以及人们对精神生活的要求越来越高，近年来高校思想政治教育评价体系已取得了长足的进步与发展，具体表现在思想政治教育评价的内容越来越丰富，并且评价工作的范围也已经从高校学生的成绩评价延伸到学生的整体素质发展的评价，进一步扩展到高校、教师、学校课程设置以及家庭等的思想政治教育的评价，在一定程度上极大地提高了高校思想政治教育工作的教育效果。

高校思想政治教育评价已经逐步形成了以民意调查为基础评价标准，而且充分地利用了现代计算机技术对信息数据进行科学全面分析和评估，进而形成了互相进行评价的互联网媒体的评价体系。现阶段已形成了适合我国国情的高校思想政治教育评价体系和评价机制，例如，对学生的评价、教师的评价、高校干部的评价、高校课程设置的评价、

教师教学工作的评价、思想政治教育课程的评价，等等。这些都在一定程度上积累了评价工作的经验，有利于我国高校思想政治教育评价的理论研究与实践。

随着社会发展对人才需求的日益加大，高校的思想政治教育活动承载着培养综合性优秀人才的希望与使命，并且积极响应了国家培养“四有新人”的强烈号召。高校思想政治教育评价体系能不能起着积极作用将会严重影响到思想政治教育活动的良性发展，甚至影响到培养社会主义接班人。现阶段我国高校思想政治教育活动的开展还存在一定的缺陷问题，并且还掺杂着一些主观评价的特性，还没完全形成科学化、系统化、规范化的评价机制，进一步影响了高校思想政治教育工作的效果和作用。

二、高校思想政治教育评价的特性

高校思想政治教育评价是作为高校思想政治的发展与改革的重要条件，也是一种比较特殊的评价工作。思想政治教育评价能够为高校政治教育的政策和制度的开展提供借鉴和参考资料，并且为思想政治教育活动提供更多的决策支撑。因此，高校思想政治教育评价除了具有一定的导向性、客观性、可操作性、思想教育性以外，还具备一些自身的特性。

（一）评价目标的统一性

思想政治教育评价的统一性一般表现在两个方面：一方面表现为评价的目标和国家教育的目标、培养思想政治教育的目标是统一的，这是因为高校的思想政治教育工作是响应国家号召开展的，是一种隶属的关系，所以思想政治教育评价的目标理应与国家教育目标一致；另一方面是高校思想政治教育的评价目标和实际活动的目标统一，是价值取向的统一。高校思想政治教育评价的模式与层次在一定程度上具有从上而下的结合统一性，尤其在评价因素的表现方面，例如对于评价对象的思想道德的评价以及社会认知程度的评价等一些单项评价。

（二）评价内容的综合全面性

高等思想政治教育评价囊括了很多方面和内容，并且将整个思想政治教育的全过程贯穿起来。所以，由于高等思想政治教育评价的内容、教育目标以及方法在整个思想政治教育活动过程中扮演着十分重要的作用，对其进行科学系统的评价在一定程度上就影响着高校思想政治教育的发展目标与方向。还有就是要对高校的思想政治教育的内部系统和学生思想政治教育的情况进行评价，结合目前大学生的思想道德水平的现状和认知层面进行了解和评价，这样在一定程度上能体现出高校思想政治教育的全面性。

（三）评价过程的动态及时性

我国高校的思想政治教育有着显著的特性，比如长期性和即时性，这些都决定了思想政治教育评价具有动态的性质。思想政治教育工作是有着持续发展和改善的过程，所以思想政治教育产生的效果也在逐渐提升，相对应的评级体系需要一定动态即时性才可以科学地进行工作评价。高校思想政治教育评价的动态性符合现代发展规律，只有有效地将思想政治教育的内容与时代发展有机结合在一起，才能够及时准确地牢牢掌握住思想政治教育的发展变化，并根据获得的相关数据信息进行适当的调整和改变。

（四）评价系统的导向性

高校思想教育活动的开展过程中辅以与其对应的评价系统，在一定程度上能大大地提高高校思想政治教育的科学性，并且还能保证评级系统具有科学指导性。一般情况下将评价系统分为两类：一类是外部评价系统，主要依靠的是政府部门、党政建设部门、由学校组织而成的特定的专家小组以及社会上的中介评价机构等一些外部评价体系。一类是内部评价系统。内部评级系统其实是指高校内部自行组织而形成的评价体系，其能保障高校思想政治教育的顺利开展和对其的监督。学校内部评价体系主要包括领导决策体系、评价指标、评价队伍建设以及意见反馈等内容。外部评价体系与内部评价体系是互相结合和关联的，两者有机结合构建了高校思想政治教育评价体系，并且具有一定科学指导性，能够促进高校政治教育协调、稳健地发展。

第二节　高校思想政治教育评价的创新思路

高校思想政治教育评价实质上是对思想政治教育的价值与效果进行评价，并根据时代的发展和变化进行相应的调整和改变。高校大学生思想水平的变化和现代化发展的要求需要高校思想政治教育评价与时俱进地进行改变，并且依据学生的变化和时代发展的人才需求进行不断的创新，以期达到思想政治教育的效果和目标。

一、建设开放立体式高校思想政治教育评价体系

传承我党的精神意志是培养下一代接班人的重要任务，是目前各高校品德、思想、政治教育的主要目的。因此，我国大学生的思想主观能力和其意识的方向以及能力水准都影响甚至主导了思想政治教育的具体实践内容和方式，并考验这种教育的内容与方式能否适合当今大学生的身心发展和接受范围。由此可见，高校思想政治教育活动的实际设计应该充分结合与考虑到社会价值和以人为本的价值，不仅要将社会价值纳入思想政治教育评价体系中，也要以人为本。建设评价主体应该充分将内部与外部评价系统结合在一起，着重体现出高校思想政治教育评价的多元化的特点，并在实际的教育过程中，用开放的方式吸引更多的外部力量参与进来，有效地促进高校思想政治教育评价的开放公开性、民主决策性，以及科学的评价过程和教育效果。与此同时，针对评价主体的多元化就需要体现出清楚的导向性，评价目标、功能和评价的方式与结果都需有明确的划分。思想政治教育的评价方法需要将定性分析与定量分析完善配合在一起进行科学化描述，如此才能使评价结果比较客观公正地反映出高校思想政治教育的发展状况。

在思想政治教育评价结果方面，需要非常重视将科学化的表示与高效的利用率结合在一起。高校思想教育评价具备导向功能、互相协调功能、信息反馈功能、鉴定功能，以及相关诊断功能等各种功能，这些功能的体现都是通过评价的结果表现出来的。

由此可见，要想将评价结果与评价表达的总趋势充分体现出来就需要更加重视思想政治教育评价的类型和过程性的评价，进而促使评价结果更具有客观性和导向性。这样能够有利于引导相关政府部门或者高校对思想政治教育评价系统进行不断的调整和引

导，继而推动其发展。

二、提高第三方评价机构的参与度

第三方评价机构目前已经凭借着市场化、评价系统独立化、全面专业的操作与评价获得了广泛的好评和认可。因此，提高第三方机构的参与度能够有效地推动高校思想政治教育评价体系的发展。第三方评价机构能够从专业化的角度对高校思想教育的实际情况、政策以及教育内容和方法进行客观具体的评价。例如，思想政治教育政策执行得是否完全匹配，高校思想政治教育评价体系的具体政策是否合理规范，实际教育内容和教育的方式是否与大学生目前的身心发展条件匹配，思想政治教育内容与时代发展的脚步是否契合等。除此之外，第三方评价机构还可以对高校教育的环境、效果以及不同教育载体的运用等外围条件进行详细的分析评估。因此，提高第三方评价机构的参与程度能够有效地对高校思想政治教育进行全面、客观、真实的评价，进而提升思想政治教育的针对性发展。

三、创新和完善评价体系

高校思想道德教育的评价体系需要不断地进行创新，也就是对评价系统中的人力物力，以及组织进行创新。其中一方面需要提高对创新思想政治教育在人力物力上投入，以能够保障对高校思想政治教育进行全面评估的资金设备，同时严格掌控评价队伍建设，提高评价人员的技术能力与水平。还有一些新兴的统计与测量的工具在一定基础上也保证了评价的科学性和准确性。另一方面需要对评价系统的组织机构进行创新，积极构建专业化的评估机构，依据获取的信息数据和评价方法进行分析评价工作，所得到的评价信息可以完整地体现出高校思想政治教育的现阶段的教育状况，并且保证评价的数据与信息的科学准确。除此之外，要在人力保障机制上进行创新。创新高校思想政治教育评价体系，需对专业化教育人员进行评价。因此，加强对高校思想教育评价的工作人员专业化的培训和教育十分重要，培养其专业化的研究水平，在一定程度上储备了高校思想教育评价的工作人才。

四、运用科学化评价技术手段

随着社会科学技术的发展与革新，目前评估评价的技术软件也越来越多，所以高校思想政治教育评价技术的更新换代需要与时俱进。例如，能够在网络上实施教育满意度评价测评，利用网络技术构建网上评价系统，通过网络进行信息数据的采集和归纳，并且依据研究方法对其实行定量和定性的分析描述。这样，在一定程度上体现了对高校思想政治教育活动的监督工作，还可以缩短时间，有效地降低评估工作的经济成本。与此同时，要积极创新开发相关的思想政治教育评价的软件系统的应用，对高校思想政治教育的涉及因素进行实时性的调查与跟踪分析。

第五章　生态观视域下思想政治教育的实践创新

第一节　生态观视域下思想政治教育的现状和问题

一、生态观视域下思想政治教育的现状

（一）高校没有科学地对待生态教育

由于高校对国家发展和社会进步起着重要的作用，因此不管在什么时候，高校都是国家进行改革的首选阵地。由于生态观融入高校思想政治理论课程教学过程中还存在问题，所以我们就应该首先从这个方面来进行分析。思想是行动的先导，高校生态教育效果不好，那应该是高校本身没有从思想上对生态教育加以足够的重视。我国高校的作用是培养社会所需要的高素质人才，为国家的社会主义现代化建设注入活力。长期以来，我国一直贯彻“以经济建设为中心”的方针，为此高校就把向学生传授科学文化知识作为首要任务。虽然党的十七大首次提出生态文明建设，党的十八大强调把生态文明建设与经济建设、政治建设、文化建设、社会建设一起形成“五位一体”的总格局，但是各高校认为，能够对中国特色社会主义生态文明建设发挥直接作用的应该是开设生态方面的专业，为国家培养生态方面的专业人才，而没有足够重视对所有大学生进行生态教育。

许多高校开设有面向全体大学生的生态方面的公共课、选修课，这些课大多请生态方面的专业教师来进行讲授，课程的主要内容为普及生态知识和生态问题。由于这些教师都是生态方面专业出身，因此对从未接受过生态教育的学生而言，这些内容就显得过于专业、难度较高，学生听起来就会觉得没有什么意思，而且认为自己以后工作和生活中也不一定用得到，因而对学习生态方面的课程就没有多大兴趣了。而且高校没有意识

到思想政治理论课的4门主干课程中蕴含了丰富的生态方面的内容，利用思想政治理论课教学对大学生进行生态教育是一个很好的途径。高校更没有意识到，应该对思想政治理论课教师进行生态教育方面的专业培训，使他们能够很好地把生态观融入高校思想政治理论课的教学中。

（二）思想政治理论课教师对生态方面的研究不够

首先，从思想政治理论课教师的理论储备来看，高校思想政治理论课教师大多是马克思主义理论学科背景，本身的知识结构中就没有生态观这个方面相关的内容。而且由于他们自身的专业和研究方向都与生态观没有多少联系，平时的工作学习生活中一般都是稍微关注下，因此并没有对生态观进行深入的研究。再加上这些教师在大学期间基本上没有接受过系统的生态教育，毕业后也基本上没有接受过系统的生态教育方面的培训，所以教师在把生态观融入思想政治理论课教学中的时候，就会因为理论基础不够厚实导致运用相关理论时会有种捉襟见肘的感觉。

其次，思想政治理论课教师自身的生态意识不够高，也是造成高校生态教育效果不显著及生态观融入高校思想政治理论课教学容易出现问题的比较重要的一个原因。教师本身思想上不够重视，没有能够意识到把生态观融入思想政治理论课教学过程中，对学生进行生态教育。榜样的力量是无穷的，教师对学生的影响是潜移默化的，并且教师对学生的言传身教会对学生产生重要的作用。同时，思想政治理论课教师在进行教学的过程中，没有注意到把教材体系向教学体系的方向转化。高校思想政治理论课4门主干课程中，尤其是“思想道德修养与法律基础”这门课当中有很多涉及生态方面的内容，但是很多教师往往一带而过，没有对这些内容进行深挖，把其中蕴含的最基本的生态思想传授给学生。

（三）高校生态教育的起点较低

经济基础决定上层建筑。因此，高校生态教育效果的好坏，一定与当地的经济发展水平有着很大的关系。20世纪70年代，我国的生态教育刚刚起步，国家经济水平很低，投入教育的资金也很有限。尤其是一些西部内陆地区，受山地地形的影响，交通不方便，与外界联系困难，市场信息匮乏，人民受教育的水平比较低，从而造成这些地区呈现半封闭式的落后经济现状。这个客观的情况就造成了大部分高校思想政治教育生态观教育的师资贫乏，高校思想政治教育的硬件设施和软件建设都不符合生态教育的要求，生态教育相关信息没有办法流动，很难与外界进行沟通，这些必然决定了高校思想政治教育生态教育的起点比较低。

另一方面的原因则是家庭生态教育的缺失。家庭可以被视作一个特殊的教育环境，其教育作用往往是学校教育所不能代替的。在家庭教育中，父母的言行将潜移默化地传递给孩子，并且这种影响是终身的，直接影响孩子将来的世界观、人生观和价值观的形成。由于西部偏远地区教育现状使得上一代人的文化水平比较低，几乎没有接触过生态教育的任何知识，因此在家庭教育这个重要的环节中就没有对孩子进行有效的生态教育，而家庭教育对于生态教育的发展有着不可取代的作用，它的空白状态也是导致高校生态教育起点比较低的另一个重要原因。

（四）学生自身生态观取向存在偏差

当学校教育与现实中自己的利益发生冲突时，就会选择破坏环境使自己的利益得到满足。有些大学生盲目消费、攀比消费，甚至是负债消费，追求享受，这样错误的价值观念与节约资源以及可持续发展理念是相悖的，是与生态教育相悖的。同时，他们不仅仅在消费方式上存在盲目从众的心理，而且在有关生态行为方面，也存在这个心理。调查发现，很多学生表示看见破坏生态的行为时还是想制止的，但是看到别人没有制止，自己也就不愿意去制止了，而且在发现这种行为没有被惩罚之后，自己也盲目地跟着做出同样的行为。

还有，很多大学生认为保护生态、建设生态文明都是政府的事，自己个人的力量太小了，就算自己做了些小事，那也是微不足道的，对整个社会和国家的事业发展起不了多大的作用。因此，他们就放松了对自己的要求，不再积极主动地投入到生态保护的实践活动中了。

二、生态观视域下思想政治教育的问题

（一）思想政治教育研究不足

由于我国当前日益严重的生态危机，人们将视线转移到生态观上。思想政治教育生态观在这个过程中理应承担相应的责任，之所以没有发挥出应有的效果，在笔者看来，很大一部分原因在于对思想政治教育生态观研究不够，其中包括要素不够耦合、思想政

治教育反馈不顺畅、教育机制不健全以及教育目标缺乏层次性四个方面，以下将逐一进行阐述。

1.要素不够耦合

思想政治教育的生态系统包含了多种要素，它们有机结合成为一个开放的生态系统。但是，当前教育系统普遍存在封闭和过于保守的问题，思想政治教育生态系统中的各要素不能很好地衔接起来，故而生态系统滞后成为社会发展现实。我国当前的思想政治教育生态教育主要存在于各级教育系统之中的理论传播与学习，实践活动相对较少，这主要体现在大、中、小学的教学中。与此同时，家庭与社会对于思想政治生态教育与学校教育相比明显不足，甚至起到相反的作用，这在一定程度上会影响学校的教育效果。可以说，三者之间没有形成良性互动，即使同时进行生态思想的传播教育也不能有效地产生整体合力。以这种态势发展，思想政治教育将很难最大化地发挥功能。当前，我国社会正处于多元价值观的社会转型期，故步自封、孤立守旧的教育系统是不科学的，思想政治教育是客观存在的并且必须与时代相适应。因此，为了改变这一现状，必须引导教育对象摆脱单独的理论教育，注重与社会实践的结合；必须把学校同家庭、社会的生态教育整合到同一体系，发挥三者的合力。只有这样才能促进思想政治教育生态观的传扬与实施。

2.思想政治教育反馈不顺畅

长期以来，人与人以及人与社会的关系一直是思想政治教育领域关注的重点，而人与自然的关系相对来说被忽略了，因此思想政治教育缺乏全面科学的理论指导，伴随着现实社会中人与自然之间矛盾的不断增多，生态危机也凸显出来。正是人们没有准确掌握自然的内在规律以及片面理解人和自然的关系，导致社会主流价值观以“人类中心主义”为主，过于强调人在生态系统中的绝对性，这不仅破坏了生态的平衡，也在一定程度上抑制了思想政治教育生态观的发展。一直以来，传统的思想政治教育模式被视为单向的活动，即被教育者被动地接受教育者向其传递的信息，在教育过程中忽略了被教育者自身需要，不但较少地考虑了被教育者的接受度，也忽略了变化中的环境，在这个过程中，被教育者被认为是从属于主体的客体，因此他的主观能动性被忽视，这在一定程度上也造成了被教育者的排斥和抗拒，造成了思想政治教育生态系统信息反馈不顺畅，抑制了系统内部的自我调节和自身平衡。

3.教育机制不健全

思想政治教育中之所以生态教育的功能发挥不完善，主要还在于整体系统机制的不健全，比如它的评估机制、预警机制、保障机制以及激励机制。正如前文所述，思想政治教育生态系统内部缺乏独立的生态评估机制，思想政治教育生态观在教育系统中贯彻得如何以及是否发挥了应有的作用，对此都没有客观的反馈信息，因此思想政治教育生态系统的发展和协调运行受到了很大程度的限制。由于预警机制的缺乏，对于不同年龄、不同地域以及不同行业的人们的思想动态就很难掌握，更不用说提前了解和提前预防，因此无法进行有针对性的行之有效的思想政治生态教育；此外，思想政治教育生态系统也缺乏积极的激励机制，这表现在激励方式和激励手段上的不足。这直接抑制了受教育者的学习积极性和主动性。思想政治教育生态系统缺乏保障机制，使得物质和经费无法得到充足的保障，与此同时，由于教育主体的不稳定和素质水平的良莠不齐，教育效果也得不到保证。

4.教育目标缺乏层次性

思想政治生态教育大体包括生态思想教育、生态法制教育、生态道德与伦理教育三方面内容。其实，在我国的教育系统中，对于思想政治教育的内容存在很多单向的生态教育思想，尤其是在大学阶段的教育。从新生刚入学所修的大学生思想政治道德修养与法律基础这一科，就涉及了对于生态伦理与道德、生态法制的宣传教育；再比如，大学生的必修科目马克思主义哲学，它所论述的人与自然辩证关系的思想正是思想政治生态教育的体现；更不乏针对性的生态教育的学科，如生态文化专题研究，它大力倡导传承生态文化、建设生态文明对社会良性发展的意义。尽管有关思想政治生态教育以各种专项教学的形式开展着，但各个学科之间都比较分散，不能发挥其整合力，而整合性恰恰是思想政治教育的关键优势所在，它可以在以马克思主义理论为指导的前提下，吸收和借鉴诸多相关学科的内容，比如教育学、生态学、哲学、社会学、伦理学、法律等学科。只有这样才能最大限度发挥思想政治生态教育的效用，整合成专项的富含综合学科的思想政治生态教育理念，既有效发挥思想政治教育的整合性作用，也对丰富发展思想政治教育有重大理论意义。

（二）欠缺预警防范意识

近年来，日益严峻的生存环境和生态危机成为公众关注的焦点，这也是公众欠缺预警防范意识的表现。长期以来，“人类中心主义”价值观盛极一时，人们为了追求当前的利益最大化不惜破坏和浪费自然资源，不仅损害了自身的生存发展环境，也危害了子孙后代的生存发展权利和需要，因此“可持续发展理念”应运而生。

首先，预警防范意识的欠缺体现在代内的不公平。所谓的代内公平是国际公平、社会公平和人际公平的综合体现，当国家、地区乃至民族在经济发展过程中面临环境问题时必须接受并直面的道德公正原则。然而，当代人在自身利益得到满足的过程中，往往忽略了机会平等、责任共担和合理补偿原则。经济利益与生态系统的相互依存的社会现实对传统形式的国家主权提出了严峻的挑战。

其次，预警防范意识的欠缺体现在代际的不公平。实际上，代际公平的关注点在于发展的未来性。可以说，当代人的实践效果和实践方式在很大程度上影响着下一代人的生活方式和生活水平。现如今，当代人大多采取对自身有益的生活生产方式，却忽略了这会减少后代人的选择机会和获益机会，这无异于是一种杀鸡取卵、竭泽而渔的做法。也就是说，本代人要尊重后代人的基本权利和需要，通过思想政治教育树立起代际公平的思维方式、思想观念和代际责任意识。思想政治教育中生态观也体现在帮助人们树立可持续的科学发展观，不断增强预警防范意识。

（三）价值引导不明确

思想政治教育生态观系统需要价值观这种表现形式。传统的工业社会时期，是以“人类中心主义”为主导价值观。“人类中心主义”传递的理念实质上是以人类自身生存为目标，将人类的生存发展置于自然万物之上，并要求所有的社会实践活动都以该价值目标为准则去遵循。人类在面对自然时处于主导地位，处于有利的一方，而自然则成为人类认识及改造的客体，在涉及人与自然关系的问题时，人类通常会尽最大的限度满足自身的需要去创造价值和财富，这就不可避免地对自然进行改造，以至于违反了自然的内在发展规律，这个时候就急需生态价值观来发挥作用去调节并规范人类的破坏行为，促使二者协调发展。

“非人类中心主义”倡导人们在满足自身生存发展的同时也要尊重生态平衡，突破“人类中心主义”价值观的束缚，正确认识人与自然的辩证关系。“非人类中心主义”的价值理念之所以存在是由于它不但承认自然发展的内在价值和规律，也能够正确引导人与自然二者和谐共处的理念。非人类中心主义的观点有利于生态文明的建设，但是它忽略了人与自然的相互平等。因此，我们要树立正确的主导价值观，确立整体利益的观念，促使公众由“经济人”向“生态人”转变。

第二节　生态观视域下思想政治教育的内容与方法

一、生态观视域下思想政治教育的内容

在经济快速发展的背景下，生态环境急剧恶化，生态遭到破坏，思想政治教育领域下的大学生生态观培养被提上日程。要对大学生进行生态观教育的前提是对生态观的内容进行界定，它包括马克思主义的生态自然观教育、平等和和谐共生的生态价值观教育、以践行生态行为为核心的生态发展观教育的内容。

（一）生态自然观教育

党的十八届三中全会不但明确提出了中国梦的本质是国家富强、民族振兴、人民幸福，而且要求在尊重自然、遵循自然、保护自然的原则下大力推进生态文明建设。因此，中国梦也是以绿色发展、循环发展和低碳发展为基础的生态文明梦想，生态文明建设则是实现中国梦和生态文明梦的战略选择。国内外政界和学术界从 20 世纪 60 年代以来，陆续提出了环境保护、可持续发展、循环发展、低碳发展、绿色发展、环境友好、资源节约以及人与自然和谐发展等诸多理念，以求从根本上维护人类社会可持续发展的生态之基。那么，生态文明究竟应该在什么样的自然观引领下来推进呢？是否会在传统“主客”二分的自然观习惯下重蹈“保护性”破坏的覆辙呢？探讨生态文明的自然观需要直面和接受两方面挑战：一是在理论层面接受“自然终结论”“自然死亡论”“伪自然论”等理论的挑战，回应中西方自然观转变中以生态自然观（或说新有机论自然观）为代表的包括“荒野”自然观、自然权利论、自然价值论、河流生命论、生命共同体论等理论观点，回应马克思主义自然观“过时论”等；二是在实践层面破除“增长的极限”，直面可持续发展和大力推进生态文明建设的生态瓶颈。

1.生态自然观的核心理念

以生态自然观为代表的当代新自然观，因其吸纳了 20 世纪以来系统科学、生态科学等自然科学的成果并获得了形而上的生态哲学和道德哲学的支撑，受到中西方众多学者的认同。

（1）生态自然观以整体论为基本特征提供生态的新形式。生态自然观以整体论为基本特征提供了不同于机械论自然观的、重新解读人与自然关系的、系统的或生态的新范式。第一，它以生态整体论解构了以分析还原论为特征的机械论，推动了自然观从部分到整体的转换。它认为自然是有机的整体，主张整体大于部分，部分之和不等于整体；从最终意义考虑，部分仅仅是网上的一个模式或节点，部分的性质只有通过整体的动力学才能得以理解。第二，整个自然界是个不断进化的关系网，整个关系网是内在的、动力学的。每种结构都不过是一个内在过程的表现，主张从结构到过程的转换。第三，主张客观与“认知”及“是”与“应该”的联系。提出认知与实在密切相关，认为认识论不可避免地成为科学理论的一个整合部分。第四，否定“建构”，反对把知识比作由基本定律、基本原理、基本概念等为基础组成的建筑物的建造观念，主张无基础存在的“网络”观念。第五，主张从真理到似真理描述的转换。提出科学只讨论实在的、有限的和近似的描述，不涉及在描述与被描述现象之间精确对应意义上的真理。生态自然观否定了把自然当作可以任人宰割的机器，强调自然万物的有机联系性、系统整体性和进化过程性。作为一种新范式，生态自然观改变了科学世界图景的表述方式，把万事万物联结为一个有机整体。

（2）生态自然观以自然价值论为核心，以现代生态思维确立了认识自然的新知识体系和价值评判体系。生态自然观认为，万事万物作为一个有机整体，不仅相互间存在因果和概率关系，还具有“意义—价值”关系，它使得事实与价值的传统分界变得模糊——“所是”与“应是”之间在推移和过渡。正是在这个意义上，罗尔斯顿（Holmes Rolston）认为，这个世界的实然之道蕴含着它的应然之道，在很大程度上我们的价值观与我们生存于其中的宇宙观保持一致；把自然哲学和生态哲学结合起来才能真正理解生态伦理学。因此，生态整体论的自然价值观不仅认为自然有外在价值，还有不以人的意志为转移的内在价值、生态系统价值；不仅人能创造价值，大自然也能创造价值，人不是价值的唯一创造者；承认价值关系是普遍存在的，其实现方式是多种多样的；承认人是价值评价的主体，但又认为人作为价值评价主体也是大自然创造的产物。这种自然价值观对以人为唯一尺度的传统价值观具有颠覆性的意义，有利于确立一种对待自然、人、人和自然关系新的态度和信念。

2.生态自然观的理论局限

生态自然观作为一种新自然观存在着明显的理论缺陷：它以自然生态系统的完整、稳定和美丽作为评判是与非、好与坏、善与恶的尺度，具有生态中心主义的价值取向，在强调自然整体性的同时贬低人的主体精神及其在自然中的地位和作用，混淆整体自然和人化自然的概念，因而在理论上陷入关于整体论和价值论的片面理解。

迄今为止，作为整体而存在的宇宙自然并非都在人的认识和实践范围之内，整个自然界可区分为自在自然和人化自然。自在自然具有无限性，人化自然则是有限的，两者既辩证统一又相互转化，其转化的途径是人的认识和实践。

生态中心主义的整体自然观的理论缺陷：

一是混淆了整体自然和人化自然的概念。那么，在人口持续增长、科技发展有限的情况下，整体自然确切地说是自在自然的无限性没了，人类可持续发展的希望也没了，"悲观论""极限论""末日论"等由此而生，对人化自然有限性的认识也陷入无限放大的误区。没有自在自然与人化自然之分，两者的相互转化就不复存在，人化自然终结了自然也就死了。殊不知以科学技术为先导的现代生产力已将地球生物圈甚至部分天体转化成了人化自然，即便地球生物圈没了，宇宙自然仍将存在。

二是过分强调自然的整体性和自然价值，贬抑人的价值、地位和作用，导致人的价值和主体精神被自然遮蔽，生态环境危机的真正根源难以被科学揭示。例如，导致人与自然之间新陈代谢关系断裂的中心城市论、"增长极"理论和生态殖民论都是顺应资本逻辑的理论，高楼大厦、"扒路军"等都是人化自然被市场化、资本化建设和再建设的产物，并非遵循自在自然与人化自然转化的逻辑，而是逆自在自然与人化自然转化的方向，因为自在自然与人化自然的转化是扩展型而非集聚型的，转化的实质是外扩人化自然的边界或深化对人化自然的开发，是人与自然进行物质变换的本质力量不断增强的表现。不加区分地强调自然的整体性和价值性而对于人化自然的主体缺乏应有的价值关照，那么人化自然环境问题的深层根源就无从揭示，环境保护和生态文明建设就会遭遇主体缺失的困境，自然、人、社会三者之间新秩序的建立只能是空想，人与自然和谐当然也无从谈起。生态整体论把人类降为自然界的普通成员，以多主体取代人类主体，这不是人类自觉的表现，而是贬低了人类的道德自觉。

（二）生态价值观教育

当前，日益严峻的环境问题在给人们的生活带来严重危害的同时，也引发了人们不断深入地系统性反思。价值观作为文化的核心层次，因其对人所具有的根本性作用成为人们关注的焦点。越来越多的人开始认识到，确立一种人与自然和谐相处的生态价值观，是人类走出困境的时代选择。在全球范围内，生态价值观已成为教育的中心课题，各国纷纷开展了以生态价值观为目的的教育活动。在我国，思想政治教育一直承担着传播和培育社会主流价值观的使命，理应成为生态价值观教育的主体。从实践来看，生态价值观既拓展了思想政治教育的工作空间，也为其进一步发展带来了现实性挑战。

1.生态价值观的内涵、特征及作用

生态价值观是指人们关于自然的价值的根本观点。尽管对这一概念的内涵，不同学者的观点并不一致，但他们大都倾向于认同一种人与自然和谐相处的生态价值观。这种价值观把人与自然看成高度相关的统一整体，强调人与自然相互作用的整体性，并把价值的观念赋予大自然，代表了人对自然更为深刻的理解方式。它以人与自然的协同进化为出发点和归宿，主张以适度消费观取代过度消费观，以尊重和爱护自然代替对自然的占有和征服，在肯定人类对自然的权利和利益的同时，要求人类对自然承担相应的责任和义务。

生态价值观具有鲜明的时代特征。其一，生态价值观以人与自然的协调进化为核心，以人—社会—自然整体系统的合理性为最高价值标准，具有突出的整体性。其二，生态价值观打破了狭隘的功利价值观，摒弃“零和”的社会规则，而把互利共生作为行为与判断的基本标准，具有鲜明的和谐性。其三，生态价值观在多种多样的生态关联之中认识和考察价值问题，兼顾人与自然多重主体、多重利益，具有多元性、包容性的特征。在一般意义上，生态价值观更多地被视为一种非人类中心主义的价值观，以自然界的内在价值为核心和重心，它不仅要求从人类整体利益和长远利益出发，自觉维护当代人和未来人的利益，而且以一种支点的反拨确立了人对自然的道德和义务。

在环境问题日益严峻的时代背景下，生态价值观是对传统的工业文明价值观的颠覆和重构。生态价值观的生成，将优化社会价值生态，修补精神圈的空洞和裂隙，矫正精神圈的偏执和扭曲，进而从根本上改善地球上的自然生态和精神生态，由此对当前泛滥的过度功利化的价值观、物质化的消费观等观念提出系统的诊疗和演替，召唤社会从精神到制度和物质生产等领域面向生态的一系列变革。

对于个体而言，生态价值观可以成为个体价值体系的组成部分，促进关爱自然、自我约束，节制生活等观念在精神系统的不断扩张，使其理解和认同政府倡导的执政理念和发展规划，尽可能全面地考虑和计算各种各样的生态价值及其影响，自觉地承担必要的生态责任和义务；在社会层面上，生态价值观可以成为社会文化体系新的尺度和准则，从精神观念到物质生产全方位影响社会的生态化实践，促进生态文明建设进程。在这种意义上，生态价值观已经成为我国环境保护的观念基础，成为实践科学发展观、谋求人

与自然和谐相处的文化基石。但必须看到，生态价值观是对人们普遍习以为常的现实生活的批判与否定，因而才使得这种价值观比较难以内化到现实人的心灵深处，难以成为人们自觉、自愿的选择。生态价值观超越了个体甚至人类而将价值的观念赋予自然，可以说是一种最具普适性和公共性的价值追求。但这种普适性和公共性，也决定了其实践的艰巨性和尴尬境遇。在当前社会竞争日益激烈、利益分割、个体及社会各群体之间的信任尚未普遍形成、个体的生存与发展尚且存在着诸多问题的情境中，这种价值观显然并非自发形成的，而需要着力培育。

2.思想政治教育生态化创新的必然性与必要性

在一般意义上，生态化就是生态学化，是指将生态学原则渗透到人类的全部活动范围中，用人和自然协调发展的观点去思考和认识问题，并根据社会和自然的具体可能性，最优地处理人和自然的关系。思想政治教育的生态化创新，就是借鉴生态学理论创新和优化思想政治教育体系，从而更好地实现其功能和价值。这一创新的必然性和必要性源于当前生态价值观教育的应然要求与思想政治教育的现实无力之间的差距。

从理论上讲，生态价值观是思想政治教育的应有内容。人是自然性、社会性和精神性的存在。人与人、人与自身及人与自然之间是互为中介的，社会生态、精神生态和自然生态相互关联，不可分割。威廉•莱斯（William Leiss）指出，“控制自然与控制人之间有着不可分割的联系”“人类控制自然观念的主要功用之一是阻碍对人际关系中新发展的控制形式的觉悟”。人如何对待自然，必将对人与人之间的关系产生直接或间接的影响。忽略自然的整体性和价值尊严，过分强调人的主体性、索取和征服自然的反生态传统价值观，必将导致人与自然之间的严重不公平，引发全球性的生态危机；而物理世界中的生态失衡、环境污染等现象也正向社会的文化领域和道德领域蔓延，带来严重的精神污染，既不利于当代人的全面发展，影响社会的和谐，也不利于后代人的生存和持续发展。近年来，全国各地居高不下的由环境问题而引发的各种冲突事件，就是很好的证明。事实上，环境问题提出了“我们该如何生活”这样的基本问题。马克思和恩格斯也早就把人与自然的关系视为道德观念应当反映的现实关系之一。在这个意义上，思想政治教育必须在人与自然、人与人以及人与自身之间的统一中实现其使命。忽略生态价值与生态道德规范的思想政治教育，既不利于日益激化的社会矛盾的有效解决，也不利于构建完整的思想政治教育体系。在实践层面上，培育生态价值观是思想政治教育的现实责任。思想政治教育作为指导人们形成符合一定社会所要求的思想品德的社会实践活动，其内容具有开放性。一切符合社会发展的思想和价值体系，都应纳入思想政治教育的体系之中。

当前，环境问题已经成为社会关注的中心问题。环境问题因其影响的全面性和广泛性而备受关注，这个时代也因此被称为环境时代。从清洁生产到循环经济，从和谐社会到环境友好型社会，从生态生产到生态消费，从新型工业化道路到生态文明，各种理论、观念的倡导都表明了中央政府对环境问题的高度关注和深切关怀，以及对生态价值观的深刻认同。生态问题已经成为包括政治在内的多方面、多层次问题，追求人与自然的和谐共进的生态价值观已成为一种基本的政治诉求，也成为思想政治教育的现实责任。作为社会观念的塑造器，思想政治教育必须对此作出积极回应。思想政治教育必须“把握时代主题，顺应时代要求，解答时代课题，体现时代精神，不断拓宽教育领域，倡导符合时代要求的现代思想和观念，注意从时代变迁中提炼鲜活的教育资源”，将生态价值观纳入自己的理论视野和实践范围。

总之，生态价值观已经成为思想政治教育的基本内容和时代使命。这一内容的引入，既为思想政治教育提供了进一步发展的社会空间，也给其带来了现实的挑战。一方面，生态价值观作为人与自然关系的新的观念系统，具有整体性、和谐性、多元性、复杂性等特性，它的引入必将带来人对自然的行为变化，进而引起人与人、人与社会各个层面关系的深刻调整。另一方面，当前的思想政治教育存在系统性的生态关怀，表现在教育内容上，缺乏如何处理人与自然，包括人与其他生命体的关系的生态教育内容；表现在教育方法上，往往对价值观作单一、片面、孤立的理解，不能用全面、整体和系统的观点把握和认识价值观的生成；从教育过程来看，缺乏应有的环境意识，不能从动态生成的角度把握价值观教育。这种生态缺失，直接导致思想政治教育工作对生态价值观的低效、无效甚至失语。

（三）基于生态价值观的思想政治教育生态化创新

1.思想政治教育内容的生态化

生态价值观是生态世界观在人、自然、社会诸领域的价值展现。教育内容是价值观传播的载体。培育生态价值观，就是要根据时代要求与生态价值观的本质内涵，增加新的教育内容，实现教育内容的生态化。

从生成过程看，生态价值观产生于对人与自然关系的重新认识，特别是对自然价值与权利的新认知。首先，这种认识可以从现代生态科学理论中找到依据。但是，当这种观念在参与了自我并被应用以后，确实需要一种全新的人与自然图景。如果用人与自然一体来替换人与自然分离的方式看自然，就会很清楚地知道我们是自然的一部分。这种来自自然科学研究的“共识性”成果，构成了生态价值观生成的理性基础。而生态价值观的基本内涵，也与生态学主张的多样性、整体性及相关性和联系等观点相一致。因此，对生态现象和生态规律的深刻认知，是生态价值进入主体选择视界进而实现价值认同的前提。其次，人文关怀是生态价值观生成的规范基础。生态价值观不仅是基于事实认识的结果，更是在人文理性指引和渗透下的价值选择。生态价值观教育必须从人性的全面发展出发，充分吸纳生态伦理的精华，在臻美至善的文化追求中确立人对自然的道德和义务。最后，国情认知是生态价值观生成的社会基础。从根本上讲，生态价值观的确立，源于人类对环境问题的深刻反思。对我国环境问题及其危害的认识越深刻，人们越倾向于认同生态价值观，生态价值观的生成也就具有了更为宽广的社会基础。

2.思想政治教育方法的生态化

生态学的基本目的是理解生态系统，其方法是整体论。这种整体的思想要求思想政治教育将教育者、受教育者及其环境视为一个系统，并使其在特定条件下达到平衡。虽然价值观具有相对的稳定性，但在个体成长过程中，其观念时时会受到各种扰动。个体在社会事件中所接触到的信息，不论是自觉的还是无意的，不论是预定的还是随机的，都会对个体的价值观产生影响。青年学生正处于思想剧烈变化的时期，其精神生态尤其复杂、活跃。课堂中教师的知识灌输、校园及社会事件的冲击、生活经历的磨砺等，都将成为影响观念的有效因子。而且，他们的交往范围越大，观念来源就越广阔，影响他们思想观念形成的因素就越复杂。在这个意义上，生态价值观并不是受教育者心灵白板上从无到有的勾画，而是现有价值体系中多种观念冲突过程的生态转型和演替，是对个体精神生态的调适和污染治理。

思想政治教育要从生态价值观及其与社会主流观念的内在关联和一致性入手，对学生思想观念施加有益的影响，帮助学生建立新的观念结构，推动其精神生态系统的整体和各组成部分的生态化发展。要从作为“现实的人”的学生的现实状况着手，在尊重学生个性的同时，充分关注学生之间及其与教师之间的相互依赖与彼此互动。这种互动和交流态势的形成，既构成了价值观认知的信息场域，也是思想政治教育发挥其观念塑造功能的基本环节。在这种教育生态中，虽然教师具有知识方面的优势，但灌输仅仅是知识的传授，学生对其知识的接受和认同，才是思想政治教育工作的根本目标。因此，既要承认教师和学生的对等性，同时也要发挥教师的能动性，对学生的价值系统进行积极主动的干预和调节。进而在面对当代环境问题、科学发展观、两型社会、生态文明、社会主义核心价值的学习和反思过程中，通过教师的价值评判和引导作用，调控学生的知识背景和精神生态，引发其价值观的动机倾向，促进其生态价值观的认知与转变。

3.思想政治教育环境的生态化

生态化是有机体与环境之间的平衡相依、协调发展的状态。思想政治教育的内容和形式，也应在一定程度上与当时当地的生态环境相适应。实际上，思想政治教育不只是单一语境中的知识灌输或接受，更是贯穿于学生学习、生活与交往全部过程中的体认。生态价值观在何种意义上能被学生所认同，不仅取决于这种观念的理论合理性，还取决于其实践合理性。大学生生活、交往中的各种经历，都将检验思想政治教育的内容，影响所学观念的接受与认同状况。从知识获取到实践体验，任何一个环节的破损或断裂，都将引起学生对价值观意义的疑虑和动摇。因此，生态价值观的形成，还有赖于生态化的教育环境。其具体内容，可从以下几个方面来分析：

（1）校园环境的生态化。校园是学生生活和交往的主要场所，是他们的“感性世界”。校园中的基础设施和环境状况，不但影响着学生的生活交往的内容，而且直接濡染其心灵世界。空气清新、充满生机和生命活力的生态化校园，是熏陶与培养学生生态价值观的重要条件。

（2）精神环境的生态化。在思想政治教育过程中，教师与辅导员形成了学生思想交流、知识传递的精神背景。他们的生态素质，不仅直接影响学生的生态价值认知，还将潜在地影响其生态情感和态度。精神环境的生态化，必须从建立具有较强生态价值观水平和生态教育能力的教育教学队伍着手，进而通过他们的言传身教，为学生提供一个具有生态意蕴的交往场所和精神空间，潜移默化地促使其生态价值观的生成。

（3）制度环境的生态化。以节能减排、建设生态文明高校为抓手，将生态价值视为一种战略理念渗入学校科研、教学、日常管理、文化建设等方面，形成浓郁的生态文化氛围和生态化的组织运行机制，从而使学生在其中完成生态价值观从认知到体验的转变，达到知与行的统一。

总体上讲，思想政治教育环境的生态化，其意义并不在于屏蔽掉所有的反生态因素，而是要使生态价值观在现实实践中占据其应有的位置，发挥其应有的引导和规范作用，进而在理想与现实的差距中使生态价值实践得到越来越多的正向反馈和认同，实现价值观的确认。

二、生态观视域下思想政治教育的方法

（一）理论教育法

理论教育法是以马克思主义理论为依据，是我国思想政治教育的基本形式。在当今世界经济全球化、文化多元化、价值观互相冲击和碰撞的时代背景下，理论教育是将马克思列宁主义、毛泽东思想、邓小平理论和“三个代表”重要思想、科学发展观以及习近平新时代中国特色社会主义思想传到受教育者的思想意识中，使其形成正确的世界观、人生观和价值观。

1.理论教育法的基本内涵

理论教育法是思想政治教育最常用、最基本的方法。理论界把它界定为：理论教育法也叫理论灌输法或理论学习法，是有目的、有计划地向受教育者进行马克思主义理论教育，引导受教育者逐步树立科学的世界观、人生观、价值观的方法。简单地说就是通过基本原理、思想观念的传授、学习、宣传进行教育的方法。这种方法具有组织性、规范性、持久性、显向性，它通过灌输马克思主义理论，不仅引起受教育者思想内部的矛盾运动，从而使其思想发生变化发展，而且能够督促受教育者积极地学习。

2.理论教育法的基本方式

（1）讲授讲解法。讲授讲解法是教育者通过口头语言向受教育者传授理论知识，解释政治和伦理概念，论证哲学和科学社会主义原理与道德原则，阐述思想变化发展规律的教育方法。最主要的表现形式就是目前我国高校普遍采取的“思想政治理论课”的形式，向广大学生进行理论灌输教育。

讲授讲解法的应用要注意几个原则：①注意讲授理论的透彻性和明确性。理论要彻底，才能抓住人的思想。②注意语言文字的使用艺术。一句话能使人笑起来，也可能使人跳起来，这就是语言文字的艺术。③防止填鸭式或注入式。不要将社会思想政治品德要求和理论变成死记硬背的教条，在课堂上念完了事，填鸭式或注入式是理论教育法的死敌。

（2）理论学习法。理论学习法是人们通过有组织、有计划地集体学习或个人自觉学习来掌握马克思主义理论和党的路线、方针、政策的方法，是一种自我灌输的方法。理论学习法的应用很广泛，在现今高校，更多的是利用在学生中设立“马克思主义读书研究会”的形式来进行学生理论学习。在企业中，更多的是采用培训班、召开座谈会、进

行问卷调查等方式。在社区中，则采用创办阅览室、开培训班、开展知识竞赛等方式。

理论学习法的应用原则：内容上要与实际挂钩。理论学习要与受教育者的思想实际和工作实际相结合，达到实际的效果。形式上要承继过去有效的传统办法，同时要结合实际开创新的方式，使理论学习能够运用最新的载体，结合最新的情况，解决新的问题。

（3）宣传教育法。宣传教育法是运用大众传播媒介向人们灌输正确理论和先进思想的方法，是一种普遍灌输的方法，也是一种形象灌输的方法。宣传教育法主要运用于一定时期内党的中心工作、中心任务、基本路线的宣传教育和特殊时期受教育者群体的思想认识问题，以及国际国内重大事件分析、宣传和教育等。

宣传教育法应用的原则：宣传教育所使用的理论要能与当时党的实际、受教育者的实际紧密结合，做到有理有据；宣传教育所使用的形式是多种媒介的组合，而且是最佳的媒介组合；宣传教育内容必须是事实，不能凭空讲理论、讲概念。

（4）理论培训法。理论培训法是通过办培训班、讲习班来学习理论的一种方法。思想政治教育方面的理论培训，就是围绕某一专题，确定理论学习内容，联系实际，以自学为主，进行必要的辅导，组织讨论和交流，来达到提高和统一思想认识的目的。因此，这种方法是一种综合灌输的方法。

使用理论培训法应遵循的基本原则：要有明确的培训目的。召开理论培训班之前应当进行充分的调查研究，要制定目标和制度，保证培训成果。坚决杜绝形形色色的空培训，乱培训，“挂羊头卖狗肉”，打着开培训班的招牌，到风景名胜、现代都市甚至国外去搞变相旅游。

（5）理论研讨法。理论研讨法是采用研究、探讨的方式来进行理论学习、理论教育的方法。即先由受教育者分别独立围绕某特定的专题或问题进行学习，通过参考资料、开展研究并得出结论或形式研究成果，然后大家集中起来，召开研讨会，发表各自见解，进行成果交流。理论研讨法通常是作为科学发展的推动力和社会重大思想热点、难点问题的决策咨询而起作用，在某种程度上类似管理学上的“专家咨询法”，其遵循的是理论研究的科学规律。

（二）实践教育法

1.实践教育法的概念

所谓实践教育法，就是组织、引导人们积极参加各种社会实践活动，从而不断提高思想觉悟和认识能力，在改造主客观世界的过程中同时改造自己的主观世界的方法。实践教育法也叫实践锻炼法，它是思想政治教育的基本方法之一。

2.实践教育法的重要意义

（1）实践教育法是人们树立正确的世界观和人生观的必要途径。思想政治教育要解决的是人们的思想、观点和政治立场的问题，一方面要对人们进行理论教育，另一方面还必须积极地组织、引导人们参加各种形式的社会实践活动，使他们在这些实践活动中受到锻炼和教育，只有这样，才能把理论和实践结合起来，才能知行合一，才能够使所学到的理论知识逐步转化为自己观察和处理问题的立场、观点和方法，并使自己的思想觉悟水平在这些实践活动中得到检验。“纸上得来终觉浅，绝知此事要躬行”，宋代诗人陆游的这一句诗，是长期治学的切身经验之谈，对我们今天牢固地树立正确的世界观和人生观，也是可以借鉴的。思想政治教育既要善于运用各种方法晓之以理、动之以情，也要注重各种导之以心的实践教育法，如果偏废实践教育法，那我们就很容易造就出一些共产主义的书呆子或“吹牛家”，而这往往会使我们受到损害，因为这种人虽然把共产主义书本和小册子上的东西读得烂熟，却不善于把这些知识融会贯通，也不会按共产主义的真正要求行动。

（2）实践教育法是提高受教育者思想觉悟和认识能力，促进其个体社会化的重要途径。实践锻炼的过程，是受教育者把理论与实践结合起来的过程，能使受教育者增强认识世界和改造世界的能力，明确是非、善恶、美丑的标准，进而提高思想觉悟，形成良好的行为习惯。教育对象的情感、意志和信念只有在实践过程中才能得到强化，其行为习惯更需要长期反复地实践才能形成。另外，实践教育法能把教育对象的理性认识，逐步转化为处理问题的立场、观点和方法，从而促进个体的社会化，增强教育对象的适应能力。

（3）实践教育法对青少年思想政治教育的重要意义。青少年是祖国的未来，是民族的希望。1978 年，邓小平在全国教育工作会议上指出：“我们要大力在青少年中提倡勤奋学习、遵守纪律、热爱劳动、助人为乐、艰苦奋斗、英勇对敌的革命风尚，把青少年培养成为忠于社会主义祖国、忠于无产阶级革命事业、忠于马克思列宁主义毛泽东思想的优秀人才，将来走上工作岗位，成为有很高的政治责任心和集体主义精神，有坚定的革命思想和实事求是、群众路线的工作作风，严守纪律，专心致志地为人民积极工作的劳动者。”青少年特别需要加强思想政治教育引导和帮助他们正确认识成长中的特殊问题，克服思想品德上的不足。但是青少年知识储备和社会经验相对较少，仅仅靠思想政治教育者一般地讲道理，是不容易信服的，然而事实胜于雄辩，生活之树长青。积极组织和引导他们参加各种社会实践活动，不仅可以使他们接触、了解社会，增长才智，而且可以使他们通过社会实践改造主观世界，将所学的知识内化，坚定政治立场，树立科学的马克思主义世界观和人生观。

3.实践教育法的方式

实践教育法的具体方式是多种多样的，在新的历史条件下，随着社会主义建设事业的蓬勃发展，人们实践的内容更丰富了，范围更宽了，方式更多样了，实践教育法的方式也有了新的发展，其中最具代表性的有如下几种：

（1）劳动教育。劳动教育就是在生产过程中，帮助受教育者树立正确的劳动观点，培养热爱劳动、热爱人民的思想感情，养成良好的劳动习惯的教育。劳动教育的形式包括生产劳动、科学实验、公益劳动、实习劳动等。因此，思想政治教育同生产劳动相结合是引导人们树立正确的思想道德，实现人的全面发展的重要途径。劳动教育的主要内容是：使受教育者认识劳动的价值和意义，树立正确的劳动观点；培养热爱劳动和劳动人民的思想感情；教育人们以热爱劳动为荣，以好逸恶劳为耻，树立积极的劳动态度，抵制贪图享乐的腐朽残余思想；养成珍惜劳动成果的好风气，树立艰苦奋斗的精神。

（2）社会服务活动。社会服务活动，就是运用智力、知识、技能、体力等方式，为人们提供帮助、解决困难的活动，是服务者自愿参加的有组织、有目的的实践活动，是实践教育的重要方式。服务者通过服务过程，能够加深对社会道德的理解和体验；通过服务的实际效果，能够丰富思想感受和情感体验；通过社会认可和称道，能够强化集体主义意识和奉献精神。社会服务的内容和方式是多种多样的，按服务的内容划分有生活服务、生产服务、科技服务、信息服务等；按服务的方式划分则有劳务服务、智力服务和咨询服务等。随着社会实践的深入，社会服务活动的内容和方式也越来越多样化。

（3）社会考察活动。社会考察是通过认识社会和研究社会，提高受教育者思想认识和分析社会问题能力的方法。把社会考察方法运用于思想政治教育，是我们党的优良传统。毛泽东在《实践论》中指出："你要有知识，你就得参加变革现实的实践。你想知道梨子的滋味，你就得变革梨子，亲口吃一吃。"社会考察的方法，是考察者自己动脑、动口、动手的方法。通过调查获得丰富的一手材料，然后经过整理、分析和头脑的加工工作，去粗取精、去伪存真、由此及彼、由表及里、从感性认识上升到理性认识，得出正确的结论。所以社会考察不但可以使考察者的思想和能力得到提高，而且考察的结论对其他人也有启发的教育作用。

第三节　生态观视域下思想政治教育的价值

一、思想政治教育生态观的价值

思想政治教育是否具有生态价值，能不能实现其生态价值，这都取决于生态是否有价值，生态价值是思想政治教育生态价值实现的基础。

（一）生态价值观

生态价值观是在 20 世纪中叶以来形成的生态伦理学的基础上产生和发展起来的。传统的伦理学研究的是人与人、人与社会的道德关系，仅仅认识到了人对社会的依赖性，却忽视了人对自然界的依赖，所以并不涉及人与自然的道德关系。一直以来，关于自然界的认识始终存在着一个误区，那就是不管在东方还是西方都认为自然界本身是没有价值的，人类可以随意地开采和利用，人与自然的关系是一种征服与被征服的关系。受此影响，人们借助于科学技术的发展以及人们理性能力的提高，由此开始了对自然界的残酷的掠夺性的开发，在满足人类利益的同时也造成了对生态环境越来越严重的破坏。当人类通过反思自己的行为并且产生出强烈的忧患意识以后，以环境保护为主的思想不断产生，世界范围内的环境保护运动也逐渐兴起，生态伦理学就是在这样的背景下产生的。

生态伦理学承认自然界的价值，强调人与自然是平等的，人与自然同是地球的重要组成部分，从而把道德关系扩展到生命和整个自然界之中。生态价值观就是在此基础上形成的，它认为，人类仅仅是自然界中的一部分，与自然界中其他的生命存在是一样的，并不比其他的物种高贵，而且如果人们认识不到自然界的内在价值，仅仅认为自然界只有工具性价值，就会破坏整个生态系统的生态平衡，导致生态危机。生态价值观要求人们尊重自然，与大自然和谐相处，认为人类是全球生命中的一部分，不能唯我独尊，应该关爱其他生命形式，维护整个生态系统的稳定和持续发展。

目前人口膨胀、资源短缺、环境污染、水土流失等生态问题日益严重，在一定程度上直接危及着人类的可持续发展。要改变这种严重的生态危机，实现社会的可持续发展，以进一步实现人的全面发展，我们必须摒弃“人类中心主义”价值观，坚持科学的生态价值观，结束过去那种一味地向自然索取、掠夺所造成的人与自然的对立状态，应当建立一种新型的能够与自然和谐相处的伙伴式关系。承认生态价值，维护自然界的稳定性、平衡性和多样性，与自然和谐相处，促进人与社会的持续发展。

（二）思想政治教育生态价值的概念

思想政治教育生态价值，就是在生态价值的基础上建立的通过改变人的思想和行为，调节人与自然的关系而体现出来的思想政治教育活动对于生态的意义和作用。思想政治教育生态价值表现为思想政治教育“对于生态的价值”，这个价值直接作用于生态，维护生态平衡，具体说来表现为正价值、零价值和负价值。长期以来，思想政治教育忽视生态价值，只注重政治价值和经济价值，这时思想政治教育生态价值就是零价值。思想政治教育生态价值是通过思想政治教育对人的培养、教育体现出来的，当思想政治教育能够教育人们采用合理的生产方式和消费方式，对生态系统的运行起积极的促进作用时，思想政治教育生态价值就是正价值；如果人们采用的是破坏自然环境、枯竭资源、破坏生态平衡的生产方式和超前消费、过度消费等错误的消费方式，这时思想政治教育生态价值为负价值。

思想政治教育价值按照不同的标准可以分为不同的类型。按照价值主体的不同，思想政治教育价值可以分为个体价值和社会价值，思想政治教育的社会价值是指思想政治教育作用于政治、经济、文化和生态等所呈现出的政治、经济、文化和生态价值，这几个方面相互联系、互相影响。

二、思想政治教育生态价值实现的途径

思想政治教育价值的实现，是思想政治教育的价值在思想政治教育的活动过程中，被人和社会接受的过程。当被主体接受的时候，思想政治教育的价值由潜价值变为显价值，才是思想政治教育价值的实现。如果主体没有接受，那么思想政治教育的价值只是潜在的价值，思想政治教育的价值就不能得到实现。思想政治教育生态价值的实现，就要通过思想政治教育活动，使人们接受生态教育，让人们在思想观念上认识到生态平衡的重要性，接受人要与自然和谐发展的思想和观念，在人们的行为上，主动保护自然，发展生态科技，实践科学发展观。

（一）加强人们的生态观教育

1.加强思想政治教育的生态道德意识的灌输

实现思想政治教育生态价值，首先要提高人们的生态意识，正确的生态意识才能指导人们爱护自然、保护自然，实现与自然的和谐相处。正确的生态意识不会主动出现在人们的头脑中，这就要求思想政治教育者给人们灌输正确的生态思想。

（1）发挥学校、家庭、社会的作用

首先，高校是国家培养各行各业建设者和管理人才的专门场所，对大学生来说，学校可以通过专门开设环境保护类课程，将生态道德教育纳入伦理课程；或专门开设有关选修课程，组织社会实践，亲身感受生态环境对人类发展的意义。大学生生态道德意识的灌输，有利于他们毕业后在工作岗位上作出正确的环境决策，同时也有利于带动全民生态意识的提高。

其次，家庭教育是生态道德意识灌输的基础阵地。虽然学校教育是生态道德意识灌输的主要阵地，但是家庭教育也是不可忽略的重要部分。家庭是人们第一个生活环境，父母是孩子的第一任老师。家长应该首先重视和掌握思想政治教育的生态价值内容，在日常生活中以身作则，言传身教。如教育自己的孩子不在公共场所吐痰、乱扔纸屑，节约用水，少食用或不食用野生动物，不攀折小树，不践踏草坪，等等。父母只有为孩子树立了良好的榜样，孩子才可能成为环保的积极分子。如果所有家庭成员都有良好的生态道德意识，那么孩子在耳濡目染中也会形成生态道德意识。

最后，社会教育是生态道德意识灌输的最终阵地。社会教育有着不可替代的作用，每个人终将走出学校，踏上工作岗位，处于社会之中，因此社会整体性的灌输教育尤为重要。

（2）运用科学的生态道德教育手段

首先，生态道德教育要注重知情结合。道德教育是一个知、情、意、行相结合的过程。知，是人们对某一现象的道德认识，道德教育首先是从道德认识开始的，但是如果仅仅把生态道德知识作为一种毫无感情的文字或者标语，那就很难对人们的心灵产生教育作用，在这种情况下，人们往往会对这种生态道德知识视而不见，看似轰轰烈烈，实际上不会对人们的内心产生任何震撼作用。人们常常在街上看到“爱护环境，人人有责”的标语，实际上很多人都以为这仅仅是环卫部门的事，与自己没有任何关系。

其次，思想政治教育的生态道德意识教育应注重主次结合。生态道德意识教育是个纷繁复杂的系统，只有分清主次，才能取得好的效果。提高人们的生态意识，是一个逐渐递进的过程。保护环境，加强生态意识教育，从娃娃抓起，这是生态道德意识教育的长远考虑。但是，目前生态问题日益严重，改变这种现状是当务之急，所以当下的思想政治教育的生态道德意识教育的主要对象是生态问题的制造者，要对他们进行生态意识的特殊教育。他们生态道德意识的提高，能够直接体现为生态环境的改善，能够为人们所直接感受到。但是，他们的人生观已经形成，要改变这种已经很稳定的观念是很困难的，只有通过思想政治教育者细致耐心地教育和劝导，才有可能达到生态意识提高的目的。

最后，思想政治教育的生态意识灌输要注重纵横结合。在生态意识的灌输中，单一的方式仍然存在，要变单一性为多样性，形成生态意识的灌输网络。要充分利用家庭、学校、单位街道等场所，让每个人都成为生态意识的灌输对象，也让每个人都成为生态意识的宣传者。

2.明晰生态道德规范

生态道德规范主要包括以下几方面的主要内容：

（1）尊重自然环境

自然环境是人类社会生存、发展的基础，体现了人类社会共同的价值需求。尊重自然，一方面源于人类及人类社会的生存发展需要；另一方面源于人类的道德善良。中国古代曾有天人合一、道法自然的思想，强调人类不仅要改造自然，更要顺应自然，要调整人类的行为以达到天与人的统一，从而实现共同发展。尊重自然就应该尊重自然的存在，尊重自然规律。只有在尊重自然规律的基础上发挥人的主观能动性，才不会被自然惩罚。

（2）合理使用自然资源

为了追求经济利润最大化，人类对自然资源的掠夺十分惊人。过多的资源消耗，导致了严重的环境污染和生态失衡。面对这一严峻现实，合理使用自然资源这一规范显得尤为重要。

（3）提高自然利用率，减少生态污染

其一，实行清洁生产，减少废弃物的排放。我国传统的工业生产模式是粗放式生产模式，高投入，低产出，高消耗，高污染。在可持续发展观和科学发展观的引领下，提倡企业采用无污染或轻微污染的工艺，提高自然资源的加工效率，把能源和物质的投入以及废弃物和污染物的产出降到最低，使制造过程产生的副产品不再当作废弃物排向自然界，而是重新利用。

其二，对产品进行绿色包装，减少包装污染。随着商品的不断繁荣和包装工业的迅速崛起，包装废弃物也日益增多。一些包装材料因为难以回收和处理，或回收处理不当，造成了极为严重的生态污染。事实上，很多产品的包装材料并没有回收利用，而且还不能进行自行分解，不管它们是被掩埋土中，是被倒入江河湖海，还是被焚烧，都会对土壤、海洋和大气等各种生态环境造成严重的污染。这就要求人们在对产品进行包装时，使用可以回收利用或自我分解的材料，使其得到回收利用，回到生产系统，进行循环，或是回到自然生态系统的循环。这样既能降低能源消耗与生产成本，又能减少对环境的污染。

其三，对废弃产品和包装物进行回收利用，实现循环经济。循环经济是指在保持生产扩大和经济增长的同时，建立"资源→生产→产品→消费→废弃物再利用"的生产模式。循环经济是集清洁生产、资源综合利用、可再生能源扩大、灵巧产品的生态设计和生态消费于一体，运用生态学规律来指导人类社会经济活动的模式。我国由于长期采用粗放式的生产模式，生态环境已经不堪重负，更加需要这一新型的经济模式以促进人类社会的可持续发展。

（二）正确运用科学技术，发展生态科技

1.在生产过程中倡导生态科技

生态科技是科技发展的全新理念和导向，它能够促进人类生存与发展的生产与生活方式以及相应科学技术水平的提高。生态科技的核心是研究和开发无毒、无害、无污染、可回收、可再生、可降解、低消耗、低排放、高效、洁净、安全的技术与产品。传统科技，是建立在资本主义私有制和市场经济基础上的，技术的发展由工厂主、企业家和金融寡头等无限度地追求剩余价值的欲望主导着，而激烈的生存竞争、残酷的优胜劣汰、实现价值的渴望则助长了科学技术的畸形发展。传统科技刺激高需求，追求高利润，除此之外别无他求。传统科技极大地促进了生产力的发展，极大地改变了世界的面貌，尤其是经济面貌，但是同时它也忽视了自然界的生态平衡，是造成生态危机的重要原因。现在我们要想建设生态文明，构建和谐社会，实现人类社会的可持续发展，就要摒弃传统科技，在企业的生产过程中倡导生态科技。

2.在生活过程中提倡生态消费

按照经济学的规律，生产与消费是一对矛盾的统一体。目前，世界各国都把消费增长作为刺激经济增长的重要方式，过分重视消费对经济发展的促进作用而忽视了消费对

自然环境的危害。由于国家政策和各种心态的影响，现实生活中很多人存在明显的过度、奢侈消费现象。这样的消费方式必然会增加自然资源的浪费，而且反过来又要人类为此付出代价。生态消费也叫绿色消费，这种消费模式既符合物质生产的发展水平，又符合生态生产的发展水平，既能满足人类的消费需求，又不对生态环境造成危害。

（三）建立科学有序的思想政治教育评价机制

1.确立生态道德典范

榜样是一定社会规范和社会行为准则的具体化、形象化和人格化产生。人生活在一定的社会环境中，往往需要通过和他人的交往才能认识到自己的价值和意义。而在社会中，人们总是以代表本时代、本社会的道德人格的人物典型作为榜样，作为仿效的范例或模式，通过自身的努力争取在自己的身上得到实现。

在某一个群体范围内，树立一个榜样对人们的道德选择有着十分重要的作用，因为他能激起人们的情感、感染人们的情绪，并磨砺人们的意志，最终唤起人们的社会良知。榜样的存在体现了一种道德理想，他把人的道德理想与社会行为的最佳结合方式揭示出来，以明确的道德评价升华人格，催人奋进。榜样对于人们的影响是通过感染、暗示、模仿等形式渐进地发挥作用的。社会榜样对道德主体的影响，一开始从一些外部的、表面的特征开始。在表面的、外部的影响过程中，榜样的内在精神也随之潜移默化地注入道德主体的心灵，进而转化为自身的一种自觉意识和内在要求而积淀下来，从而影响道德主体对社会道德的自觉选择，使道德主体的行为在社会榜样的不断激发下，不断地趋向善的境界。社会各部门、社会各阶层和所有社会成员，都应该采取行动落实可持续发展观和科学发展观，坚持生态道德准则，从我做起，每一个行为都从环境保护入手，防止环境污染和对生态的破坏。

2.强化制度保障

生态环境保护只靠道德的作用是不够的，道德的作用主要表现在对人们行为的规范和诱导，但是道德对严重损害他人和社会的行为只能谴责而不能制裁，道德不具有强制约束力，而法律正好可以弥补道德的这种不足。法律依靠国家的强制力，既可以引导、推动人们保护环境，也可以对人们破坏环境的违法行为进行惩罚，以达到防范的目的。

目前，我国生态保护法律体系还不健全，这就要求立法机关制定出体现环境正义和公平的环境法律。近年来，我国颁布了《土地法》《大气污染法》《野生动物保护法》等法律，但是还不能满足实际的需要，所以要对现有法律进行修改，补充实施细则等，并且要大力宣传，在全社会普及法律知识，以弥补法制不健全带来的问题。在法律的制定过程中，充分吸收人民大众的意见，这也是一种对新制定的法律的宣传方式。

立法的健全是执法的基础，有法必依，认真执法才能体现法律的作用。目前，我国的执法机关，由于各种原因，并不能做到有法必依，甚至出现了有法不依的情况。对此，要加强监督部门的监督力度，制定相应的奖惩措施以保证各类环境保护法律的执行。健全生态保护的法律体系，也要建立健全保证生态保护法律贯彻执行的制度，只有这样，才能发挥生态保护法律的作用，引导人们保护环境，防范对自然环境的破坏。

3.积极营造生态保护的社会氛围

社会氛围，即社会环境，就是在人们生活的周围环境中，人们对某一问题的一致看法，对人们的思想和行为起着潜移默化的影响。“近朱者赤，近墨者黑”，这句话充分说明了周围环境对人们的影响有多大。健康、文明向上的社会氛围，对人们形成优秀的思想道德品质有巨大的推动作用；而不良的社会氛围，各种消极的和腐朽的观念会使人们悲观、消沉。

我们要培养一种生态保护的社会氛围，使尊重自然、热爱自然、与自然和谐相处的思想深入人心，妇孺皆知，使生态保护成为人们在处理人和自然关系上的首要选择。社会氛围的培养主要是通过舆论的导向作用来实现的。现代社会舆论工具很多，如报纸、杂志、网络、广播、电视等，要充分发挥大众舆论的作用，坚持“以正确的舆论引导人”，大力宣扬生态保护的重要性，生态危机的严重性，引导社会形成爱护环境、保护环境的新风尚。

第四节　生态观视域下思想政治教育的评价

生态位理论是生态学中关于物种关系的普遍原理。由此延伸，它对于指导高校思想政治教育评价体系中各因子在构建实践中寻找到最适合自己的生态定位，具有指导性的意义。

现代教育是一个由多种要素构成的具有整体综合效应的生态系统，而教育生态从本体上看，是教育系统内部要素之间的交互作用及其与外部环境之间的物质、能量和信息的交换关系。高校思想政治教育是现代教育的一个子系统，同时又是相对独立、自成体系的一个生态系统，主要包括思想政治理论教育、思想政治实践教育、思想政治宣传教育、心理教育等诸多方面的生态结构，它受到诸多内外部环境因素的影响。一方面，社会经济发展形势、民主政治发展、社会文化的传播与渗透等外部环境的诸多因素会对高校思想政治教育产生外围影响；另一方面，高等教育体制、理念、制度等内部环境因素会对高校思想政治教育产生直接的影响。因此，现代高校思想政治教育面临着复杂的形势，要使高校思想政治教育顺利有效地开展，必须深入贯彻科学发展观，坚持“全面协调可持续”“统筹兼顾”的生态系统观念。

一、主体评价

（一）主体需要是评价的出发点和动因

思想政治教育的价值实现过程实际上是一个主体需要不断获得满足并产生新的需要的过程，也是客体属性不断向着主体需要的方向运动并与主体需要的层次、结构和内容相对接的过程。在这一运动过程中，主体需要处于核心的位置并决定着运动的性质和方向。为验证主体需要实现和满足的程度，最终产生了思想政治教育评价。社会上有着各种各样的群体和个体，他们因社会生活环境、受教育程度及身心发展阶段不同，所以其发展需要也不同。思想政治教育要根据主体合理的需要创设教育内容、方法、环境等。当教育内容与主体的接受图式成功对接，对受教育者产生积极的肯定的意义，思想政治教育的价值获得实现，评价才有了前提和基础。同时，主体需要的满足程度也决定着价值的大小。因此，从主体需要出发才能更好地理解价值内容，顺利地实施评价。人的思想政治品德是社会环境和内在精神世界共同作用的结果。把教育的先进性和广泛性结合起来是思想政治教育本质规律的重要体现。一定社会总是引导受教育者不断适应和超越一定的思想政治品德的要求。如何确认受教育者达到了既定要求并确定更高层次的要求，必须借助于思想政治教育评价。

（二）主体需要是思想政治教育评价的标准之一

一定社会总需要一定数量的有着良好素质和鲜明个性的社会个体。思想政治教育是人类阶级社会重要的实践活动，肩负着培养人、塑造人的光荣任务，其出发点和归宿是使受教育者的思想、心理、道德、人格等方面得到全面发展。思想政治教育以人为实践活动对象，它只能以人的思想政治品德的发展作为衡量自身的基本尺度。思想政治教育要实现教育目的和目标必须以受教育者的主体性发挥为基础，激发受教育者参与和接受思想政治教育的积极性、主动性和创造性，能动地发展自己的思想政治品德。思想政治教育包含着丰富的主体性内容，也必然接受着以主体需要为尺度的验证和评价，主体需要内在地充当着思想政治教育评价的标准。

二、客体评价

（一）思想政治教育客体属性的内涵及其特征

客体属性是构成价值关系的要素之一，是价值关系中的物质性内容。思想政治教育客体属性是组织者、实施者根据社会的性质和要求赋予思想政治教育客体的导向、凝聚、激励、开发、管理等功能，它以促进受教育者的全面发展为核心目的，表现为各种教育因子蕴涵和体现在教育内容、方法和艺术中，并借助于载体的传导抵达受教育者的主观世界；受教育者在接受动力系统的驱动下通过思维操作把教育信息因子纳入接受图式系统，最后转化为一定的思想政治品德素质和能力。思想政治教育的客体属性能否对主体发生意义，关键在于这种属性是否与主体的发展需要相一致、相接近、相符合，并通过客体主体化运动促进主体思想政治品德素质与能力的跃升。思想政治教育客体属性主要具有以下三种特征：

一是政治性、意识形态性特征。思想政治教育总是从属于一定的阶级利益和政治目的，其目的是用一定的思想观念、政治观点、道德规范武装人、塑造人，培养出符合社会需要的个体。这种特性与教育规律性相结合，共同致力于人的思想政治品德的开发和建设，二者辩证统一。片面强调政治性、意识形态性就会犯“左”倾错误；反之则会淡化、削弱、消解思想政治教育的特性。二是主体性特征。思想政治教育客体属性是一种主体性事实，它本身不能呈现价值内容，只能通过主体的统摄、选择、吸纳并促进主体发展来形成价值事实。这种功能属性是一定社会思想政治品德要求的转化和具体化，是思想政治教育本质的外在显露。三是多维度性特征。思想政治教育设计任何内容和方法的时候都要关注主体需要的多向性和层次性特点，力求蕴含丰富的教育内容，从多层次满足主体的发展需要。

（二）客体属性与思想政治教育评价的关系

1.客体属性是思想政治教育评价的落脚点和归宿

虽然客体属性是形成思想政治教育价值的客观前提，但评价总是在它与主体需要的具体的历史统一中去考察它本身的意义。主体发展需要在多大程度上获得实现，最终要在客体属性这里得到验证。思想政治教育客体的功能属性是否充分发挥出来，传播这种功能的方式方法是否合理，直接影响着价值实现和评价。思想政治教育的客体属性虽然具有促进人和社会发展进步的功能，但当它还没有实现这种功能时，它对人和社会只有潜在价值。思想政治教育所蕴含的思想、认识、政治、道德等内容，只有内化为教育对象某种深刻而稳定的心理结构，并外化为现实的心理能量及个体意识和行为习惯，思想政治教育的价值才获得实现，评价才获得了前提性基础。不管客体需要多么丰富和美好，如果客体属性不提供充足的思想养分，评价就成为无源之水、无本之木。客体属性是思想政治教育评价的必要条件，是评价的落脚点和归宿。

2.客体属性是思想政治教育评价的对象性内容

思想政治教育价值由“潜”到“显”的实现过程，也是为评价提供前提、基础和内容的过程。评价主体直接指向的是一定的价值事实。评价主体在考察主体需要和客体属性的统一时，也包括对二者的相对独立的考察。因此，评价主体通常也要间接地考察客体属性对评价的意义。客体属性的哪些功能在哪些方面通过何种途径与主体需要的哪些层次、哪些方面实现了融合对接，需要评价主体去逐一探求。这种探求又必须以充分把握主体需要和客体属性的具体状况为基础。因而，二者又成为评价要间接考察的对象性内容。

三、价值评价

（一）开发思想政治教育生态价值，顺应时代发展要求

马克思主义生态观的核心是人与自然的关系，正如恩格斯所言：“人本身是自然界的产物，是在自己所处的环境中并且和这个环境一起发展起来的。”然而，在现实生活中，人类为了以更少的劳动时间和更低的劳动强度获取丰裕的物质财富、舒适的生活，

对自然界进行掠夺式的开发和利用，造成了当前全球性的生态危机。这场声势浩大的生态危机，从表面上看，已经危害到人类的身心健康，导致生态失衡；从长远看，它将阻碍生产力的发展，不可避免引起生产方式的变革乃至人类文明的走向。人类在反思中发现，人们所追求的享乐主义、唯我主义、急功近利的错误价值观是造成生态危机的罪魁祸首。思想政治教育是帮助人们形成生态文明观的重要途径，在人们将生态文明观内化的同时，引导人们形成合理的生活模式和消费模式。开发思想政治教育的生态价值，是目前改善生态危机的必要手段，其顺应时代发展要求。

（二）开发思想政治教育生态价值，有利于学科自身可持续发展

当前的生态危机正以前所未有的破坏速度，影响我们生活的各方面，其中最重要的还是人的精神方面。现代社会中生态危机和人类的精神危机是一体两面、互为因果的，追求消费至上、物质享乐的生活既导致生态危机加剧，又导致人们精神世界的失落。马克思、恩格斯在其著作中虽然没有明确使用“生态危机”一词，但已经从人与自然的哲学高度为我们提供了解读生态危机的钥匙。在生态危机视域下，思想政治教育只有积极应对当前的生态问题，不断丰富内容，拓展新的领域，才能充分实现其生态价值，发挥其在调整人与自然关系中的重大作用，这是学科自身可持续发展的必然要求。

（三）生态危机视域下思想政治教育生态价值的实现路径

1.大力加强社会生态文化建设

生态文化是以人与自然和谐共处为核心价值观的文化，是一种基于生态意识和生态思维为主体构成的文化体系，是解决人与自然关系问题的思想观点和心理的总和。思想政治教育广泛存在于家庭和社会生活的“生态系统”中，不能仅局限于学校，而应面向社会全方位拓展，发挥协同进化功能，达到整体育人的效果。大力加强社会生态文化建设，以社区为依托，整合学校、家庭和社会各方的教育力量，将思想政治教育从学校引向社会。要以建设资源节约型和环境友好型社会为主题，在全社会广泛举办生态科普讲座和开展环境资源国情教育，组织生态文化专题研讨，倡导有利于节约资源、环境保护的绿色生产模式及可持续消费方式。思想政治教育要充分发挥社会生态文化对人们思想的引导作用，培养全民的生态人格和生态良知，树立全民的可持续发展观，自觉规范各自的生态行为，成为社会生态文化建设的强大保障。

2.树立思想政治教育生态教育理念

生态危机视域下，面临资源日趋紧张、环境污染严重、生态系统退化的严峻形势，思想政治教育必须坚持可持续发展观，树立尊重自然、顺应自然、保护自然的思想政治教育生态教育理念。随着科技的发展，人们生活水平的不断提高所带来的高消费和人们对奢华生活方式的追求，引来了全人类的生存危机。思想政治教育要根据时代发展的潮流、党的执政兴国理念，把生态文明建设融入经济建设、政治建设、文化建设、社会建设各方面和全过程。千百年来，人类一直以自我为中心，在处理人和自然的关系中占据着主导地位，生态危机视域下思想政治教育生态教育理念就是要纠正这种根深蒂固的错误乃至极其危险的思想观念，帮助人们形成正确的生态意识和生态行为方式。

3.完善思想政治教育生态教育内容

为了有效地实现思想政治教育生态价值，必须完善思想政治教育生态教育的内容，主要包括生态法制教育、生态道德教育和生态行为规范教育等。生态法制教育的主要内容包括生态权利、义务及责任教育。我们应该尊重一切生命个体，履行保护一切生命个体的义务。生命伦理学家史怀泽指出："人类在自然共同体中所享有的举足轻重的特殊地位所赋予他的不是掠夺的权利，而是保护的责任"。生态道德教育是一种新型的德育内容，从人与自然相互依存的生态价值观出发，培养生态伦理观，树立生态意识，引导人们自觉养成爱护自然的生存保护意识、思想觉悟和相应的道德行为习惯。生态道德教育是对待自然的保护意识、态度教育，是提高生态道德素质的品格教育，培育人们对生生不息的大自然的情感，激发人类保护大自然的热情。生态行为规范教育就是引导人们从点滴做起，自觉遵守生态道德规范，遵循保护自然的行为准则，倡导全民节约、环保、科学的生活方式，形成合理消费的社会风尚，使生态教育理论在生活中逐步成为人们的自觉行为。

4.创新思想政治教育生态教育的方法

思想政治教育生态教育要从生态学观点出发，认识、分析和解决思想政治教育系统内部要素的优化问题，同时能够全面地、辩证地把握思想政治教育与生态危机之间的复杂关系。目前，思想政治教育在我国大多不是以我们感知世界的方式来组织的，而是为了组织上的便利，以抽象的、"鸽子笼"似的学科方式来安排的。自然界的事物都有其具体的表现形式，思想政治教育生态教育应强调对生态知识的直接体验和感知，让学生直接感知生态危机下的社会环境，自觉选择生态文明行为方式。思想政治教育生态教育的指导思想是民主、平等、以人为本，这是由其哲学基础决定的，在教育过程中要求将教育者与受教育者置于平等的地位，关注受教育者内心需求、个性特征和成长背景，有针对性地开展教育和指导活动，激发其内在的主动性，顺其自然形成正确的生态观。教育者应采取“对话”“交流”“探讨”等方式，重视受教育个体的需求，逐步引导其个人发展与社会生态文明建设相融合，在平等和谐的关系中达到思想政治教育“润物细无声”的生态教育效果。

5.构建思想政治教育生态教育长效机制

思想政治教育生态教育是一个复杂的系统工程，要使生态教育发挥实效，需要构建可持续发展的长效机制。生态教育长效机制主要围绕“三个结合”展开，即将家庭教育、学校教育、社会教育相结合；系统的理论教育与生动的实践教育相结合；教育手段与行政、法律手段相结合。首先，实现家庭、学校、社会的动态统一，形成互补共进的生态教育合力。家庭、学校、社会应经常保持联络，实现教育资源的整合与共享。其次，将理论教育和实践教育结合起来，理论是实践的先导，实践教育可将理论内容生活化、形象化，寓教于情、寓教于乐，从而达到潜移默化的教育效果。最后，将教育手段与行政、法律手段结合起来。思想政治教育生态教育除了纯粹的教育手段外，还应辅之以行政、法律手段，实现思想政治教育的生态教育价值。

6.健全思想政治教育生态教育评价体系

思想政治教育生态教育是一项十分重要的工作，思想政治教育生态价值的实现过程是一个不断反思、不断提高、不断完善的过程，在实现思想政治教育生态价值的过程中，需要健全思想政治教育生态教育评价体系。我们应从实际出发，通过定性、定量的研究方法，对思想政治教育生态价值的实现程度进行分析统计、参与观察、深度访谈。根据实际考察的实现程度，从生态教育活动、评价指标体系、质量标准等方面健全生态价值评价体系，建立以教育者、受教育者和教育环境为一级指标的评价体系。健全生态教育评价体系要注意思想政治教育的特殊性，注意结合我国社会主义建设事业发展的特色和思想政治教育工作的实际情况，用发展的、动态的眼光来进行评价。

第六章 高校思想政治教育与文化融合的实践创新

第一节 高校思想政治教育中文化融入的客观基础

高校思想政治教育无论是作为一门学科，还是作为一项实践活动，都与文化存在着天然的联系。文化性作为思想政治教育的一个根本属性一直存在，只是在不同的历史发展时期表现出来的明显程度不同罢了。在社会主义文化大发展、大繁荣的今天，高校思想政治教育的文化性愈发彰显。

一、高校思想政治教育的文化性

对高校思想政治教育文化性的认识，需要我们从高校思想政治教育和文化的各自概念入手，对高校思想政治教育和文化的含义与特征有一个清晰的认识。

（一）高校思想政治教育与文化

1.思想政治教育的含义

思想政治教育作为一个科学概念，具有丰富的内涵。从马克思、恩格斯提出“宣传工作”，到列宁提出“政治工作”，再到中国共产党对这一概念进行发展和完善，最终确立了“思想政治工作”“思想政治教育”等概念。党的十一届三中全会后，中国共产党在大部分情况下都使用“思想政治工作”这个概念；高等院校基本使用“思想政治教育”这个概念；思想文化领域基本上使用“宣传思想工作”这个概念。这三个概念虽然名称不同，所使用的领域也有所不同，但基本含义是相同的。目前，“思想政治工作”“思想政治教育”“宣传思想工作”成为三个并列使用的、含义基本相同的概念。

思想政治教育作为中国共产党在历史发展过程中形成的实践经验和科学理论，其主体和内容都与党的建设密切相关。所谓思想政治教育，就是在党的领导下，教育者对受教育者实施一定内容的教育，从而使受教育者树立正确的世界观、人生观和价值观，调动起受教育者的积极主动性的过程。这里的教育者和受教育者都是相对概念，是从思想传播的角度来看的，社会思想从一个组织或个人传播给另一个组织或个人的过程，就是教育的过程。教育的内容具有政治性和意识形态性，是党的思想主张和社会意识形态的贯彻落实。思想政治教育的特征主要体现在政治性、文化性、社会性、实践性、群众性、渗透性等方面。

2.文化的含义

文化是一个大的范畴，对其定义，不同学者有不同的界定。据统计，到现在为止学界关于文化的定义已有200多种，但尚未形成完全一致的意见。不过，从这些定义所包含的要素以及文化的特征来看，都大同小异。在马克思那里，文化是一个含义宽泛的概念，与文明、文学、艺术、观念、思想、精神、意识形态等词语关系密切。

所谓文化，是指在经济社会全面发展中形成的全体社会成员共有的价值观念和行为准则。文化是由具有一定地域特色的思想观念、社会宗旨、精神价值等构成的思想形式和行为模式，是经济社会发展的灵魂。对文化的含义，可以从以下方面来理解：在一般情况下，文化主要用作名词使用，主要是指观念形态的文化，即精神文化，这是文化的狭义概念。从广义上来说，文化则指物质和精神等一切财富的总和，体现在物质、制度、行为、观念等各个方面。文化用作动词时，主要是指文治教化，多用于中国传统社会的教育之中。

文化的性质表现在：一是文化是通过人们的学习得到的；二是文化具有一定的形态并负载着某些意义，体现在不同的载体上，就会产生不同的形态，比如器物、制度、管理等；三是文化的核心是价值观，价值观主导着文化的发展方向和作用力大小。文化具有政治性、传承性和民族性、时代性和创新性、主导性和多样性、渗透性和持久性等方面的特征。依据不同的标准，文化可以分为不同的类型，例如，可以分为物质文化、制度文化、行为文化、精神文化；也可以分为主文化、亚文化、反文化等。

3.中国特色社会主义文化建设

早在新民主主义革命时期，毛泽东同志就对文化的概念以及文化与政治、经济之间的关系进行了系统论述，这也是中国共产党对文化的第一次全面系统的认识。毛泽东在

《新民主主义论》中指出:“一定的文化(当作观念形态的文化)是一定社会的政治和经济的反映,又给予伟大影响于一定社会的政治经济;而经济是基础,政治则是经济的集中的表现。这是我们对于文化和政治、经济的关系及政治和经济的关系的基本观点。”

中国共产党自改革开放之初提出物质文明和精神文明“两手抓”,到党的十六大提出物质文明、精神文明、政治文明协调发展,到党的十七大提出加强社会主义经济建设、政治建设、文化建设、社会建设“四位一体”的总体布局,再到党的十八大提出加强中国特色社会主义经济建设、政治建设、文化建设、社会建设、生态建设“五位一体”的总体布局,对文化和文化建设都是从狭义的文化概念上去理解和阐述的。这里的文化,主要是指精神层面的文化,是观念形态的文化。

由此可见,中国共产党所说的文化建设,主要局限于精神文化的领域,主要指的是教育、科学、文学艺术、新闻出版、广播电视、图书馆、博物馆等各项文化事业的发展和人民群众知识水平的提高。当然,教育应培养什么样的人,科学应为什么人服务,文学艺术、新闻出版、广播电视应坚持什么样的舆论导向等都需要一定的指导思想,这个指导思想仅仅依靠文化建设本身是无法完成的,必须依靠思想建设来完成。文化建设区别于思想建设,但是它同思想建设一起构成了社会主义精神文明建设的主体内容。与文化建设不同,思想建设主要是社会主义意识形态的建设,主要指的是马克思主义理论教育、共产主义理想信念教育、中国特色社会主义教育等。社会主义精神文明建设的性质和内容主要是由思想建设来决定的,而精神文明建设的推进和落实主要是由文化建设来完成的。在整个精神文明建设过程中,思想建设和文化建设相辅相成、相互融合,共同推动社会主义精神文明建设。

我们所说的中国特色社会主义文化建设也是从狭义的精神文化层面去说的,内在地包含了马克思主义的思想建设和文化建设的内容,其核心内容就是社会主义核心价值体系的建设和社会主义核心价值观的培育。不过,在研究狭义文化时,决不能忽视经济基础和政治上层建筑的最终决定和直接影响作用,决不能忽视物质文化、制度文化、行为文化对精神文化的重大影响。

(二)教育的文化性

教育作为一项社会活动,具有典型的文化特征。它是文化的一部分,构成了教育的背景因素和主要内容。同时,文化也具有潜在的教育力量。

第一,教育是文化的一部分。经济社会的发展和人们之间的交往,从根本上影响着社会文化的发展和变迁。随着社会主义市场经济的发展，教育与社会、与生活之间的关系越来越密切。从一定程度上说，教育已然成为社会文化的一部分。教育是以社会存在的各种文化为基础的，是通过各种文化的积淀而形成的，同时教育的这种文化积淀也深深地影响着人们的精神文化生活。

第二，文化构成了教育的背景因素和主要内容。教育的目的是向人们传输一定社会的文化知识和价值观念，而这些内容原本就是一定社会精神层面的文化，主要包括一定社会的价值观、态度、信念等。其中，社会价值观在文化中占据主导地位，发挥着核心作用。

第三，文化具有潜在的教育力量。文化，尤其是存在于一个社会中的先进文化，在大部分情况下都会以一种无形的、潜在的力量影响着人们的思想和情感，并且这种影响是深刻的、广泛的、持久的。在这种先进文化的无形熏陶下，人们自觉不自觉地接受着社会所要求的各种规范，无意识地形成了社会所要求的价值观念、道德品质、行为方式等。这个无形过程及其良好效果，正是教育应该追求的。

通过文化建设来提升人们的思想文化素质，满足人们的精神文化生活需要，就要求人们充分发挥主观能动性。教育尤其是思想政治教育在这个过程中承担着重要角色，发挥着重要作用。从教育的本质来看，教育过程实质上就是文化化人的过程，是将人类已经发展起来的先进文化成果转化为个体内在本质力量，促进人的精神生活全面发展的过程，是引导个体能够驾驭外部世界对个人才能的实际发展所起的推动作用的过程。可见，教育的本质就是育人，就是对人们的心灵的“唤醒”。教育通过传承社会文化，实现人的社会化，进而反作用于一定的社会实践。

第四，教育受到文化的巨大影响。事实表明，同一种教育方式，在不同的国家和地区或者在不同的组织中与不同的文化背景相结合，就会产生完全不同的教育效果，甚至在具体的教育方法上也会形成不同的特点。这表明教育与文化之间存在着密不可分的联系，教育不可能离开文化而单独实施。也就是说，教育在本质上受到文化的广泛制约，教育因文化的不同而有所不同。因此，教育具有很强的文化性。

（三）思想政治教育的政治性与文化性

政治性和文化性是思想政治教育的两个根本属性。思想政治教育在发挥重要政治价值的同时，也发挥着巨大的文化价值。在人类历史上，德育与智育之间存在着密切的联系，两者作为独立性的存在，彼此间却无法分离。也就是说，人的智力不可能仅通过智育就可以得到提升，而人的道德也不可能仅通过德育就得到提升。人的智力和道德的提升，都离不开智育和德育的相互作用。中国古代思想中关于“诚”与“明”之间的关系，也清晰地说明了智育与德育之间的内在交融和共生。我国古代有“诗教”“乐教”“文以载道”等教化传统，这些都从不同角度反映和表达了“教化”对文化的倚重以及文化性与政治性的互动。

从思想政治教育的发展目标来看，思想政治教育的主要目标是提高人们的思想政治素质，实现人的全面发展。思想政治教育在提升人们思想政治素质的同时，也在无形中提升了人们的科学文化素质。它既表现出政治的一面，又表现出文化的一面。正如列宁所说：“政治教育务必要能提高文化水平。”这是人们对思想政治教育内在本性和客观规律的深刻把握。因此，思想政治教育应该同时肩负文化目标与政治目标，同时兼用文化资源与政治资源，同时兼循文化逻辑与政治逻辑。

从思想政治教育的教育过程来看，思想政治教育教育人的过程，是人们由“自然人”转变为“政治人”的过程，充分显示了思想政治教育的政治性特征。同时，思想政治教育教育人的过程，也是一个使人们由“自然人”转变成“文化人”的过程，是一个“文化化人”的过程，充分显示了思想政治教育的文化性特征。需要注意的是，在这两个基本属性之中，思想政治教育的政治性更带有根本性，思想政治教育最终还是为社会政治目标服务的。也正因为政治性的存在，思想政治教育才与我们平时所说的智育、美育、德育等有着明显的差别。

二、高校思想政治教育的文化互动

高校思想政治教育和文化之间存在一定程度的互动，这种互动关系体现在高校思想政治教育和文化发展的整个过程之中，两者的相互作用、相互影响，促进了思想政治教育的改进创新和社会主义文化的发展繁荣。

（一）高校思想政治教育与文化的互动

所谓“互动”，就是指两个主体之间的相互影响、相互作用。高校思想政治教育与文化的互动，是指高校思想政治教育和文化相互影响、相互作用、相互协调、共同发展的过程，是高校思想政治教育和文化之间存在的一个动态的平衡状态。

高校思想政治教育与文化的互动，具体体现在两个方面：一是高校思想政治教育对文化的促进作用；二是文化对高校思想政治教育的促进作用。正如黄钊教授所提出的："高校思想政治教育同文化有着不可分割的内在联系，一方面，一定社会的思想政治教育理论、内容以及人们所达到的思想政治素质，是该社会文化含量的重要组成部分，高校思想政治教育的发展，必将把该社会的文化含量推向新的水平；另一方面，一定的文化环境，又为高校思想政治教育的发展创造条件，离开了特定的文化环境，高校思想政治教育就失去了最主要的载体及特定支撑。"

1.高校思想政治教育对文化的促进作用

有人形象地拿风筝作比喻，将文化比作风筝，而将高校思想政治教育比作是风筝的线。这样就不难理解，高校思想政治教育控制文化的发展方向，其内容决定着文化建设的指导思想和基本原则，发挥着基础性的政治保证作用。如果失去高校思想政治教育对文化建设的引导和配合，文化建设就会失去正确方向。

2.文化对高校思想政治教育的促进作用

随着经济全球化的发展和不同文化之间的碰撞交融，各种文化对高校思想政治教育的影响越来越大。实践表明，高校思想政治教育获得成功，都必须依托本国内在的文化和传统。即使是对国外教育内容和教育方式的吸收和借鉴，也必须将其融入本国的文化环境和现实情况之中，才能切实发挥作用。因此，从客观上看，除社会制度不同和生产力水平不同之外，造成高校思想政治教育模式不同的根本原因在于各国文化的不同，在于各种文化类型的不同。无论是本国文化，还是外来文化，都可以而且必须为本国的高校思想政治教育服务，进而拓展高校思想政治教育的新领域，成为高校思想政治教育与现代经济社会发展相结合的有效形式，成为推动高校思想政治教育改革创新的有效途径和重要载体。

（二）高校思想政治教育与文化互动的实质

高校思想政治教育与文化的"双向互动"，实质上是一个"平衡发展"的问题。也就是说，高校思想政治教育与文化建设应保持同步发展、均衡发展、和谐发展，不能一个发展得快一个发展得慢，更不能一个发展另一个不发展。如果高校思想政治教育和文化建设的发展失去同步性、均衡性，就会直接影响高校思想政治教育和文化的融合效果。

当高校思想政治教育滞后于文化建设时，将高校思想政治教育的理念融入文化建设中，不仅不会促进社会主义文化的发展和繁荣，还有可能阻碍先进文化的发展。同样，当文化建设滞后于高校思想政治教育的发展时，将文化理念融入高校思想政治教育的运行过程中，也有可能产生负面效果，无法推动高校思想政治教育的改进和创新。因此，促进高校思想政治教育和文化建设的平衡发展，是双方自身发展的客观需要，也是促进彼此融合的客观要求。

当然，我们应该看到高校思想政治教育与文化相互促进的一面。当高校思想政治教育滞后于文化的发展时，将文化融入高校思想政治教育过程之中，有利于推动高校思想政治教育的发展；当文化建设滞后于高校思想政治教育的发展时，将高校思想政治教育融入文化建设之中，也有利于促进社会主义文化的发展和繁荣。在双向融合过程中，利用这些先进的方面带动落后方面的发展，是我们应该努力去做的。

高校思想政治教育和文化建设的双向融合，其本身就是一个相互制约、相互促进的过程，存在着一个自我调节、保持一致的自觉机制。它们在相互交融的过程中，不断地调整自己，以适应对方的需要，从而促进双方的协调发展。因此，在推动高校思想政治教育和文化建设的发展过程中，我们应该尊重高校思想政治教育和文化建设的协调发展规律，而不能一味地强调一方面而忽略了另一方面。

三、高校思想政治教育的文化融入

对高校思想政治教育文化融入的理解，首先需要我们正确认识和区分融入与融合的概念，并且对高校思想政治教育的文化融入与“融合教育”有一个清醒的认识。在此基础上，从活动的层面、过程的层面、理念和精神的层面正确认识文化融入。

（一）融入与融合的概念

融合的概念最初体现在融合教育活动中。“融合教育”最早产生于西方，属于西方人本主义的教育范式。在早期，“融合教育”主要应用在儿童特殊教育领域，是指让弱听、弱视等儿童进入到普通的小学，与普通学生一起接受同等的教育。“融合教育”实质上就是实现普通教育与特殊教育的融合，目的是提高学生的素质，促进学生的健康成长和全面发展。实施“融合教育”，将弱听、弱视等儿童处在普通学生的生活、学习环境之中，有利于营造良好的沟通和交流环境，增强儿童的自信心，极大地帮助他们的健康成长。随着学科的发展和理论的进步，“融合”逐渐成为重要的理念进入到其他领域，目前已被广泛地应用到了政治领域和文化领域。

对融入与融合的概念，可以从多个角度进行分析。从词性上说，融入作为一个动词使用；而融合更多地作为一个名词使用。从主体的角度看，所谓“融入”，是指一个事物进入另一个事物之中，成为另一个事物的一部分或者分散在另一个事物之中；所谓“融合”，是指“几种不同的事物合成一体”，体现在心理、情感、结构、行为等方面的融合。也有学者从群体关系维持的角度指出了“融合”的含义，认为融合是一种能够使成员留在所在群体中的力量或者结果。

融合与融入具有许多不同点。第一，主体地位不同。相互融合的两个主体地位相同，两者并重；而融入的两个主体地位不同，有主有次。在相互融合过程中，思想政治教育与文化的地位相同，思想政治教育和文化在整个过程中的重要性一样；而在思想政治教育的文化融入过程中，思想政治教育占据主体地位。在融入过程中，文化作为一个要素、一种环境渗透到思想政治教育的系统之中。

第二，交融后的结果不同。两个不同的事物，在相互融合之后，产生的可能是另外的新事物，具有区别于原来事物的新特征，可以用公式“A+B=C”来表示，比如宽带通信网、数字电视网、下一代互联网的“三网融合”。当思想政治教育与文化融合之后，可能也会产生新的事物，形成新的思想政治教育文化学等交叉学科。在这个理论中，思想政治教育所占的内容多一些，还是文化所占的内容多一些，我们无法作出准确评估，但一定会是一个新的理论内容。而将一个事物融入另一个事物之中，只会增强另一个事物，而不会改变另一个事物的根本属性。当文化融入思想政治教育中时，只是在一定程度上丰富了思想政治教育的内容和方法，改善了思想政治教育的环境，而没有从根本上改变思想政治教育的性质，更没有产生新的理论甚至新的学科。

融合或融入作为一个单独概念，必须与一定的具体事物相结合，才能体现出具体的特征和功能，例如社会融合、文化融合、交流融合等。文化融合是当今社会发展的一个典型特征。世界上的各种文化丰富多彩，并能够兼容并包。任何一个国家和民族的文化，首先来自于本民族的传统文化，同时也借鉴着世界各国的优秀文化，是一元文化与多元文化的并存与交融。文化的融合过程是吸收各种文化的优点和长处，这一过程需要相当长的时间。文化所处的环境变化越大，文化融合的速度也就越快。

（二）高校思想政治教育和文化的融入与融合

从系统角度分析，高校思想政治教育和文化作为社会的两项重要的实践活动，既有共同性，也有差异性。高校思想政治教育系统与文化系统是两个相交的圆，它们之间既有彼此渗透影响的共同部分，又有本质不同的独特之处。这种共同性为高校思想政治教育与文化的融合提供了前提，它们的独特性又为促进两者融合，发挥各自长处并相互借鉴、取长补短奠定了基础。

高校思想政治教育与文化不存在相互排斥，也不可能相互代替。在建设中国特色社会主义过程中，应实现两者的有机结合，促进两者的融合与互补。我们应该更加自觉地把高校思想政治工作与文化建设融合起来，一方面将高校思想政治教育融入社会主义文化建设之中，为文化建设保证方向、提供动力，促进社会主义文化的大发展大繁荣；另一方面将文化融入高校思想政治教育的全过程，增强高校思想政治教育的文化性，实现春风化雨、润物无声，促进高校思想政治教育的改革创新。

高校思想政治教育与文化的融合具体体现在两个方面：一是指将高校思想政治教育融入文化的发展中，融入文化的建设中。在这里，文化建设是主体，高校思想政治教育作为一个元素、一种理念的形式被纳入到文化建设的范畴中。其目的是通过发挥高校思想政治教育在文化建设中的动力和保证作用，更好地促进社会主义文化的大发展大繁荣。二是指将文化融入高校思想政治教育的发展过程中。在这里，高校思想政治教育是主体，而文化是作为社会的一个元素、一种理念或者一种环境等形式被纳入到高校思想政治教育的范畴之中。其目的是通过发挥文化在高校思想政治教育过程中的熏陶感染作用，进一步增强高校思想政治教育的实效性，提高高校思想政治教育的科学化水平。

高校思想政治教育的文化融入，是高校思想政治教育与文化融合中的一个方面，主要是指将文化融入高校思想政治教育的过程。高校思想政治教育的文化融入，其主体是高校思想政治教育，其目的是增强高校思想政治教育的实效性。在这个过程中，文化作为一种元素、一种载体、一种理念的形式存在，采取各种形式将文化纳入到高校思想政治教育的方方面面，进而提高高校思想政治教育的文化含量，增强高校思想政治教育的实效性。

（三）高校思想政治教育文化融入的体现

高校思想政治教育和文化作为两个独立但又密切联系的系统，两者是辩证统一的。一方面，高校思想政治教育具有一定的文化性；另一方面，文化也具有一定的政治性和教育性。高校思想政治教育的核心内容是一定的社会核心价值观，这种价值观的传播离不开一定的载体，这种载体就是文化。无论哪种价值观都需要通过一定的文化形式表现出来，都需要通过一定的文化载体进行传播。同时，文化的存在和发展也离不开核心价值观，世界各种各样的文化都不可避免地承载着人类的价值观念和价值选择。离开了一定的价值观念，人类将无法创造文化，也就无所谓文化。从这个意义上看，人类生活的世界无时无刻不在进行着一定的文化价值观传播，进行着思想政治教育活动，人类也无时无刻不受到文化的熏陶和价值观的影响。因此，高校思想政治教育的文化融入，实质上是教育者主动地、自觉地将文化融入高校思想政治教育之中，使其发挥正能量的过程。

高校思想政治教育的文化融入，是一项社会实践活动，也是一个发展过程，更体现为一种理念和精神。

第一，高校思想政治教育的文化融入，是一种社会实践活动。所谓活动，主要是指人的活动，是人的生存和发展的主要方式。活动是人的存在和发展的方式，是作为主体的人在自身需要的推动下与相互联系的客体发生相互作用，并实现与客体双向对象化的过程。高校思想政治教育不仅是一门学科，而且是一项社会实践活动，是人类的一项重要的主体性活动，具有很强的实践性。高校思想政治教育的文化融入作为高校思想政治教育发展的一个重要方面，同样也是高校思想政治教育实践的重要体现，是人们在从事高校思想政治教育工作中的一项重要的社会实践活动。

第二，高校思想政治教育的文化融入，是一个发展过程。将文化理念融入高校思想政治教育的运行之中，是一个渐进的过程，不可能一蹴而就。高校思想政治教育文化融入的过程，就是将事物中的文化因素或者文化本身渗透进高校思想政治教育的理论研究和教育实践的整个过程。

目前来看，高校思想政治教育文化融入的研究和实践还处在起步阶段。我们在高校思想政治教育的文化载体、文化活动形式等方面已经做出了巨大努力，并取得了良好的成绩，促进了高校思想政治教育文化含量的提高。这些都是在促进高校思想政治教育文化融入中取得的宝贵经验，也是提高高校思想政治教育科学化水平的有效措施，需要进一步坚持和改进。但从另一方面看，高校思想政治教育的文化融入在其他方面仍有很多不足之处，如高校思想政治教育的文化理念、文化理论、文化融入的推进策略和模式等，这些方面都需要在推进高校思想政治教育的发展过程中进一步探索和总结。

第三，高校思想政治教育的文化融入，是一种理念和精神。高校思想政治教育的文化融入，不仅是一种活动、一个过程，而且是一种理念和精神，体现在高校思想政治教育发展的整个过程之中。文化在高校思想政治教育中的存在形式更多地体现为一种理念、一种精神，能够有效地提高高校思想政治教育的文化含量。树立高校思想政治教育的文化融入理念，应该将文化理念和文化精神融入整个高校思想政治教育的发展过程之中，体现在高校思想政治教育的方方面面。文化不是作为高校思想政治教育的单独的一部分存在，而是与高校思想政治教育交融在一起，作为一种理念和精神体现在高校思想政治教育的运行、发展的全过程之中。

第二节　文化在高校思想政治教育中的价值体现

文化具有传承性，当前的高校思想政治教育也无法脱离传统文化对大学生的影响。中国文化从古代发展到现在，不论历史朝代如何更换，优秀的文化始终在变化与前进中不断影响着一代又一代的人，故而当代高校思想政治教育必须建立在传统文化的基础上进行新的发展。教育是推动人类文化历史向前发展的动力，但是没有对传统的继承就不会有教育，因为教育是首先建立在对人类文化财富总结的基础上，进而将其传递给当下的人。中华民族发展继承下来的传统文化，已经深入到中华儿女思想、生活、价值观等各个方面，成为当前中国社会的一个不可忽视的文化背景。文化是一个统一联系的整体，它具有继承性、延续性，这就意味着教育要传承文化，就必须从中国传统文化入手。

一、文化为高校思想政治教育提供丰富的教育资源

（一）“天下兴亡，匹夫有责”的爱国主义精神

爱国主义是中华民族精神的核心，也是现代高校思想政治教育中的首要内容。中国优秀传统文化中所蕴含的爱国主义思想十分丰富。爱国，就要求我们要为社会、为民族、为国家、为人民的整体利益着想。中国优秀传统文化在强调个人价值的同时，更加强调人所应肩负的社会责任，强调公德和道义，强调整体精神和民族大义，例如“先天下之忧而忧，后天下之乐而乐”“天下兴亡，匹夫有责”“人生自古谁无死，留取丹心照汗青”等金句充分体现了古时先人们深厚的爱国主义情结。岳飞抗金精忠报国、林则徐虎门销

烟誓死捍卫国家利益、董存瑞挺身炸碉堡、刘胡兰坚贞不屈英勇就义……这一个个积淀在历史长河中的英雄事迹无不体现了深厚的爱国主义精神。抗战时期，无数革命先烈们用自己的鲜血保卫了祖国大地，捍卫了中华民族的尊严。可以说，中国优秀传统文化中所蕴含的爱国主义精神一代又一代地延续至今。现如今，弘扬爱国主义精神显得尤为重要，从中国优秀传统文化中所挖掘的爱国主义教育资源对现代大学生爱国主义情操培养的影响是极为深刻的。

国家的现代化、社会的现代化归根结底是人的现代化。社会的发展要求人们不仅要有坚实的专业知识，还要具备深厚的文化内涵。一个不了解本国文化的人，我们很难想象他能成为一个全面发展的人。现实经验告诉我们，他们终将因缺乏深厚的文化根基而成为一个不完整的人，也难以获得长足的发展和进步。这就向高校政治思想工作者提出了一个严肃的课题，如何把人的现代化与优秀传统文化教育有机地统一起来。高校思想政治工作者应大力弘扬优秀文化传统，使学生进一步了解历史文化，了解民族优良传统，从而增强民族自豪感和凝聚力，激发爱国主义热情和自尊、自信、自强的精神。从中国优秀传统文化宝库中找到有益的思想素材和人生智慧，在赋予其正确合理的时代意义基础上，对学生进行爱国主义教育是势在必行的。

（二）“刚健有为，自强不息”的奋斗进取精神

中华民族几千年来历尽磨难而长存，靠的就是“天行健，君子以自强不息”的精神。这种精神是中华民族的脊梁，是几千年来无数仁人志士发愤图强的优良传统。在历史的长河中，“刚健有为，自强不息”的例子更是数不胜数。“古者富贵而名摩灭，不可胜记，唯倜傥非常之人称焉。盖文王拘而演《周易》；仲尼厄而作《春秋》；屈原放逐，乃赋《离骚》；左丘失明，厥有《国语》；孙子膑脚，《兵法》修列；不韦迁蜀，世传《吕览》；韩非囚秦，《说难》《孤愤》；《诗》三百篇，此皆贤圣发愤之所为作也。此人皆意有所郁结，不得通其道，故述往事、思来者。”（《报任安书》，司马迁）司马迁的这一段话，很好地体现了我们中华民族百折不挠、自强不息的精神。今天，我们正处在民族振兴的关键时期，就更需要这种自强不息的精神。

现如今，高校有不少学生意志力相对薄弱，做事缺乏恒心和耐心，遇到困难便停滞不前，缺乏的正是自强不息的精神。高校从中国优秀传统文化中汲取教育资源，弘扬历史上各种自强不息的优秀事迹与人物形象，可促使学生在弘扬优秀传统文化的过程中振奋精神，积极进取，激励成才。而高校人生观教育的重要内容是培养大学生乐观向上的

人生态度。乐观的人生态度首先表现在对人的主体价值充分肯定和对自我潜能的乐观估计，同时还表现在乐而忘忧、刻苦顽强的精神。现实生活不乏艰难困苦，人生道路也难免曲折坎坷。而人的可贵之处就在于能够以乐观开朗、健康自信的心态去直面人生。在中国历史上具备这种积极人生态度的比比皆是。

除此之外，由于市场经济的影响，目前高校少数学生中存在着一种浮躁不安、急功近利的倾向。有的贪图奢华、迷恋享乐，有的目光短浅、贪图私利，这对于造就有理想抱负、有真才实学的大学生无疑是极为不利的。自古以来，中国优秀传统文化奉行和倡导一种脚踏实地、勤勉务实的人生态度。从文化传统角度上说，这种务实精神来源于一种不务奢华、淡泊宁静的人生态度。大学生应该发扬优秀传统文化的这种精神，一步一个脚印地向前发展，做人生道路上的勇敢探索者。

（三）“以和为贵，和而不同”的人际和谐精神

“以和为贵，和而不同”的人际和谐精神是中国优秀传统文化中有关人和人之间如何相处的最重要的一个原则，该原则指出了自然和谐的基础所在是人与人之间的和谐。对和谐思想的追求不但是人类关系的最理想的状态，同时也是人际关系中价值取向的最高体现，这种思想产生于中国的古代的祖先中，因此我们应该感到骄傲和自豪。尽管在传统的文化中，这些思想存在一定程度的历史烙印，其中有些仅仅是为了统治阶级服务的，不过这也能充分地体现出中国古代人民对和平的追求与向往，他们期望建立一个人与人、人与自然都和谐共处的美好社会。即使在时代发展的今天，建设一个理想的和谐社会仍然是我们当前最大的责任和目标。

中国的优秀传统文化是基于整体主义价值的原则出发的，在对社会以及对人方面一直保持和谐、团结的态度。在中国的优秀传统文化中，十分重视人际关系之间的调节，对贵“和”尚“中”以及人文精神的推广，对今天的我们都有很重要的启示。目前，虽然人们在现代的交往中其形式发生了各种各样的变化，但人与社会之间的关系基本都是相对稳定的，没有发生过大的改变。因此，中国优秀传统文化中这些精华部分，对青年大学生们正确处理自己的人际交往关系都具有十分重要的意义。

中国的优秀传统文化热爱和平、追求和平的思想对世世代代的中华儿女都具有重要的影响，它在铸造中华民族和平友好精神的同时，也是中国社会主义和谐社会构建的一个重要的原因。在和其他国家的外交上，中国一直奉行“强不执弱”“富不侮贫”的外交政策，这一政策也体现出了对中国优秀传统文化思想的传承。中国追求的是通过和谐思

想建立和谐社会、和谐国家，进而建造和谐世界，这也是中国在发展建设中的一个重要的目标。今天，和谐精神已经成为举国上下共同关心的话题，也成了全国人民的一个共识。如何学习这一思想以及在当代大学生思想政治教育中加强和谐思想的教育，是当前面临的又一个重要的任务，我们可以从中国优秀传统文化中寻找答案。

二、文化对高校思想政治教育的积极作用

（一）有助于大学生树立正确的世界观、人生观、价值观

大学时代是一个学生的世界观、人生观以及价值观形成的最佳时期，因为在这一阶段学生对这三个观念的认识最为深刻，也是创造自身价值以及领会人生真谛的关键时期。在这个时期，学校必须要帮助学生树立正确的人生价值观，使其通过其价值观的形成进一步形成积极进取态度，为将来踏入社会之后能更好地为人民和国家做贡献。文化，尤其是中国的优秀传统文化传承了中华民族几千年的历史，在发展的过程中通过不断积累和沉淀逐渐形成了鲜明的特色，可谓博大精深。在中国的优秀传统文化的发展中，一直比较重视对人们世界观、人生观以及价值观的实现。同时，中国传统理论价值实现的最主要的方式也是通过对人格的不断完善来实现的，因为不断完善的人格经过一定的发展，必将呈现出多姿多彩的姿态。综观儒家的思想，其中提到的“为己”“成己”和对“内圣”的相关内容，其实也就是要求人们必须注重人格上的提升与修养。研究孔子的思想也可以看出，孔子在人们物质条件比较良好的情况下，也要求人们追求精神方面的价值，始终把理想道德上的完善作为追求精神完善的目的。中国的优秀传统文化中，理想人格的向往以及精神境界的追求方面在全世界范围内都是影响比较突出的。所以，把优秀的传统文化融入新时期高校大学生的思想政治教育中，对大学生们人生观、价值观以及世界观的形成都有重要的现实意义。

（二）有助于培养大学生的爱国忧患意识

当代大学生的爱国主义表现是多方面的，包括对祖国文化的热爱、对祖国大好山河的热爱以及对国家对同胞的热爱等，同时爱国主义也是我国的核心思想。因为只有发自内心地对同胞以及祖国的热爱，才能够使中国在历史的长河中屹立不倒，才能共同在中华大地上共同学习、生活劳动以及发展，共同把中华灿烂的文明创造发展得更加美好。

爱国主义在中国的优秀传统文化中表现得最为贴切，在发展的历史长河中，多少爱国主义先烈们用自己宝贵的生命诠释了这一点，为中国的发展作出了重要的贡献。尤其是革命先烈们，通过维护祖国统一、热爱祖国以及同仇敌忾的爱国主义形式，把爱国主义的精神发挥到了极致，全国人民都应该为他们的这种精神感到自豪，同时也应该像他们一样肩负起实现我国伟大复兴的重要历史任务，书写中国未来发展的华丽篇章。历史实践证明，中国是一个伟大的国家，中华民族也一定会实现它的伟大复兴。

（三）有助于加强大学生个人修养、培养高尚的道德情操

首先，道德方面的教育是中国当代高校思想政治教育中一项不可或缺的基本内容，同时也是传统文化中的一个重要方面。因为道德素质是一个大学生最基本的素质，也是一个合格公民应有的素质，同时公民道德素质的高低程度又直接影响并反映出一个国家的整体素质。

其次，对主体自觉性的强调。作为高校思想政治教育中主体性原则的主要来源，优秀传统文化对强化受教育者的主体自觉性是十分重要的。培养受教育对象的主体自觉性以及主动性在思想政治教育的实践过程中是非常关键的，同时也对最终教育目的的实现起着决定性的影响。在传统文化中，有“行有不得，反求诸己”的要求，就是说一个人在遇到挫折以及困难的时候，应该首先反省自己存在的不足之处，只有这样，才能找到解决问题的方法。一个人只要是能够充分地发挥自己的主观能动性，实时地对自己进行道德方面的要求，就可以达到很高的人格境界。

再次，重视实践中的修养。道德实践是优秀传统文化的一个重要的特点，应该在实践生活中重视对道德的修养。就道德修养来讲，一个人除了具备基本的道德素养以及懂得如何做人以外，还应该在生活中积极地去实践，只有这样，才算得上是真正具备了道德修养。儒家文化是十分重视道德修养的实践的。

最后，重视修养的过程。优秀的传统思想文化，为我们提供了很多提升自身修为的方法，其中自省以及慎独都是比较具有代表性的方法，同时也是儒家思想中重要的方法之一。自省指的是一个人应该按照相关的道德原则经常对自己的行为以及言行进行反思，是一种自我审查的道德方法；而慎独不但是修身的境界，同时也是修身的方法，指的是君子即使在别人看不到、听不到的地方，也应该小心谨慎，防止违背道德的行为以及思想变现出来。这些都足以说明中国优秀传统文化为大学生提升自我道德修为提供了有效的教育方法。

第三节　高校思想政治教育中文化融入的思想体现

一、外来“文化德育”的思想体现

世界各个国家都非常重视开展对人的思想的教育活动，尤其是西欧各国、美国、新加坡等国家高度重视人的政治素质和道德素质的养成，积极发挥文化的育人作用，围绕着如何提高人的素质广泛开展了多种政治社会化活动，积累了丰富的“文化育德”经验。西欧、美国、新加坡等国家，围绕提高人们的思想政治素质和道德文化素质，开展了丰富多彩、多种多样的教育实践活动，其中有许多共同的特点。

（一）高度重视公民的思想政治教育

西方国家自古以来都非常强调教育的重要性，并认为教育与国家的政治统治紧密地联系在一起。对公民进行教育的主要内容是统治阶级的政治思想，教育的根本目的是培养符合统治阶级要求的“合格公民”，维护统治阶级的政治秩序。早在古希腊罗马时期，柏拉图在《理想国》中就阐述了教育的问题，他明确地提出，教育不仅仅是为了传授知识、娱乐大众，更重要的是为了提高人们的道德、陶冶人们的情操、重塑人们的性格，将人们培养成为符合社会（统治阶级）要求的公民和军人，努力将人们培养成为具有“善的理念”的哲学家，进而建立起一个理想的国家。因此，教育与政治存在着密切的联系，一切的教育都可以称为政治教育。

西方的教育活动不管以什么样的形态出现，不管叫什么名字，其教育的内容都摆脱不了统治阶级的意识形态。对人们实施公民教育，就是以政治社会化的形式使人们形成社会所要求的政治思想和政治意识。自古以来，没有任何一个国家例外。以美国为例，美国人非常重视教育，强调教育是改变世界的根本途径。美国人认为，只有通过教育将美国文化传递给世界，才能实现美国经济的迅速发展，才能推动社会的民主和进步，才能使美国的政治制度和民主自由有一个美好的未来。可见，西方国家都非常重视对人们进行思想政治方面的教育。

（二）教育的主要任务在于传播主流政治文化

西方国家实施的各种教育，都具有明确的目的和任务。这个主要的任务就是传播社会主流政治文化，传播统治阶级的意识形态，并对与主流意识形态大相径庭或截然相反的思想进行“残酷的斗争”和“严厉的打击”。在西方资本主义社会，各种教育活动自始至终都贯穿着自由、民主、平等、人权等资本主义的核心价值观，并注重将这些资本主义的核心价值观渗透到学校教育的各门课程、各项文化学术活动之中，融入经济、政治、文化等社会的各项事业的建设之中，以此来保证西方国家的资本主义的根本性质。

拿美国来说，美国一直在倡导“自由”“民主”，并号称是世界上最“自由”、最“民主”的国家。但是，美国政府仍然强调“美国精神”，倡导在一个多元的社会中建立起共同的文化，而这个共同文化的主体内容和主要精神就是资本主义的核心价值观。他们所倡导的“自由”“民主”，也是带有浓厚的美国式的、资本主义式的“自由”和“民主”。可以说，美国自建国以来，就非常重视对美国主流政治文化的宣传和教育，并不遗余力地与其他文化进行斗争。无论是在独立战争时期对英国封建思想的抨击，还是在南北战争时期对南方奴隶制思想的打击，甚至是在冷战时期对社会主义先进思想的斗争，都反映了美国人无时无刻不在维护着资本主义的主流政治思想，维护着现有的资本主义政治经济秩序。

（三）强调加强民族精神教育

世界各国的民族精神都以爱国主义为主要内容，并已经熔铸在了国家的政治、经济、文化、社会生活的各个方面，熔铸在了人们的思想情感和日常行为之中，成为人们的思想和行为的基础和灵魂。

美国非常重视民族精神的培育。“美国精神”已经成为美国人的一种社会信仰，成为美国社会的一种凝聚力量和精神动力。美国精神主要体现了“爱国的民族精神；乐于进取、勇于创新的民族精神；崇尚个人奋斗的民族精神”。美国精神已经成为美国人的骄傲，成为美国人行动的指南，在经济社会发展中发挥着巨大的作用。

新加坡也非常重视对新加坡人进行爱国主义教育。爱国主义教育在新加坡通常被称为“国家意识”教育，爱国主义教育充分体现在国家意识的教育和培养过程中。新加坡自建国以来，就一直重视对本国公民国家意识的培养，并将“国家至上，社会为先”作为社会共同价值观的第一条。新加坡对国民进行国家意识教育，采取的是一种从儿童抓起的循序渐进的方式，并实行国民服役制度和政策，努力使每一个新加坡男性公民都能献身于国防、献身于国家利益，从而培养和塑造出与国家共命运的国家意识。在这种强烈的国家意识教育中，新加坡人的民族精神得到不断增强。

二、中国共产党的“红色文化”思想体现

红色文化资源是中国共产党领导中国人民在长期艰苦卓绝的革命实践中创造的。以中国革命道路、革命文化、革命精神为内涵的红色文化资源，是中国共产党宝贵的精神财富，也是高校进行思想政治教育的宝贵资源。当前我国正处于经济快速发展时期，人们的生活和精神信仰在市场经济的冲击下发生了很大的变化。在这种大环境下，大学生的精神信仰、世界观、人生观和价值观也发生了很大的变化，并有了自己的诠释，对传统文化、建设中国特色社会主义、党的凝聚力、人民政府的公信力等有待加深了解，出现了拜金主义、唯钱至上、个人主义泛滥等现象。《中共中央、国务院关于进一步加强和改进大学生思想政治教育的意见》指出：“深入进行弘扬和培育民族精神教育，深入开展中华民族优良传统和中国革命传统教育。”因此，作为高校应认真思考、探索在高校德育工作中如何把红色文化资源与之相结合，加以运用，对高校学生进行革命传统教育和民族精神教育，使之受到革命先烈的英雄事迹的鼓舞，从而加强自身修养。高校德育工作者在工作中充分运用红色文化资源中那些生动真实的事迹等对学生进行教育，对培养当代大学生形成正确的人生观、价值观、世界观以及社会主义荣辱观具有重要的理论意义和实际意义。

（一）红色文化的内涵

文化代表了一个国家和民族的文明程度、发展水平，同时也是推动经济发展的重要力量。一个国家的文化是这个国家和民族的标志和灵魂，它反映了该国人民的价值取向，同时也体现了人们的精神面貌。任何一个国家和民族都应重视和关注；否则，其他国家就会用文化入侵，影响国家或民族的发展，并使之涣散、萎靡，甚至解体和灭亡。

党的十八大以来，我国的文化建设取得了令人瞩目的成就，政府对文化发展投入不断增加，支持力度持续加大。红色文化是中国人民在长期的革命实践中不断地“扬弃”中国传统文化和西方文化的基础上所形成的，它是以马克思主义为指导的文化，是民族文化的天然构成，以革命战争年代和和平建设时期所遗留的纪念地、标志物及其承载的

革命历史、革命事迹和革命精神为基本内容。如“八一”南昌起义、井冈山的红色政权的建立、红军的二万五千里长征途中建立的红色革命根据地、陕北的革命根据地的建立以及其他革命根据地的建立。这种红色文化在特定的地域环境中被赋予了丰富的文化内涵和精神内涵，成为中国人民特有的物质文化和精神文化。

红色文化分为广义和狭义两种，广义的红色文化包括物质文明、精神文明、政治文明、社会文明、生态文明等各种文明形态。狭义的红色文化则是特指以文化形态表现出来的，体现社会主义、共产主义方向和目标的文明形态。红色文化最根本的特征是“红色”，它具有革命性和先进性相统一、科学性与实践性相统一、本土化与创新性相统一以及兼收并蓄和与时俱进相统一等特征。它具有自身独特的内涵与逻辑，蕴含着丰富的革命精神和厚重的历史文化内涵。

红色文化可以增加人们的爱国主义情感，使人们在面对困难和压力时能保持坚定信念，发扬敢于批评和自我批评的精神，忘我工作的革命精神，落实实事求是、独立自主的创新精神，实践关心群众、为民谋利的大公无私的精神。红色文化资源是一种精神文化产品，它具有独特的文化价值。革命时期所形成的井冈山精神、苏区精神、长征精神、遵义会议精神、延安精神、西柏坡精神，以及承载这些精神的遗址、遗迹、纪念馆、博物馆、展览馆、烈士陵园、文物等，这些对我们开展高校德育教育工作是非常珍贵的载体，具有十分重要的意义。现阶段我国处在大力发展经济建设、提高国家的综合实力、建设社会主义和谐社会的进程中，大力弘扬红色文化、弘扬民族精神、开发和利用红色文化资源特有的文化价值，可使中国人民具有强大的精神动力和坚定的信念；同时，还有利于使当代大学生去掉虚无主义、拜金主义，更为务实上进、勤奋刻苦，树立共产主义远大理想。

（二）红色文化的德育功能

红色文化资源是开展德育的有效载体，不同的时代有着不同的德育载体。在时代变化的过程中，我们应该批判继承中国古代社会的优秀教育成果，批判借鉴国外德育活动形式好的东西。红色文化展现了一定历史时期形成的革命精神。这种精神是中华民族传统精神与时代精神相结合的产物，是对历史传统精神丰富和发展而形成的新的民族精神。它既有一定历史条件下的特定内涵，又有与时俱进、价值永恒的普遍意义。因此，红色文化资源是教育人的鲜活教材，是新时期开展德育的有效载体。红色文化之所以是开展德育的有效载体，是因为其承载、传播的文化因素符合德育的目的、任务、原则。

因此，通过“红色文化”开展德育活动是一种理想的教育方式。红色文化资源内容丰富、直观生动、感染力强、分布广泛、教育面广，为德育的开展提供了丰富而强大的精神支持。德育与红色文化资源蕴藏在人们社会生活的方方面面，能为教育主客体所运用，教育主客体可借此相互作用和交流，因而具有极强的灵活性、普遍性和自觉性。

目前，国家级、省级、市级、县级的爱国主义教育基地很多，再加上各地的纪念馆、展览馆和烈士陵园等革命遗迹数不胜数，红色文化资源已遍布全国。因此，德育与红色文化资源的结合是一种必然的历史选择，也是与时俱进的一种创新。红色文化是推进德育建设的重要内容。就德育内容而言，红色文化资源是不可或缺的。

三、社会主义先进文化融入思想政治教育

社会主义先进文化作为我国意识形态中的主流文化，在高校思想政治教育中起着重要的引领作用。社会主义先进文化为大学生的思想引导和教育过程提供了价值边界，对于他们形成正确的世界观、人生观、价值观有着不可替代的作用。新时期，对于高校思想政治教育中融入社会主义先进文化，可以通过加强高校思想政治教育队伍建设、营造良好校园文化氛围、深入开展社会实践活动等途径来展开。

党的十九大报告指出：“必须坚持马克思主义，牢固树立共产主义远大理想和中国特色社会主义共同理想，培育和践行社会主义核心价值观，不断增强意识形态领域主导权和话语权，推动中华优秀传统文化创造性转化、创新性发展，继承革命文化，发展社会主义先进文化。”社会主义先进文化是引领我们国家，推动我国社会向前发展、进步的强大精神动力。在对大学生的思想政治教育中融入社会主义先进文化是一个极好的选择，对大学生的全面发展也具有重要的推动作用。

（一）社会主义先进文化的内涵

文化是人类社会特有的现象，是人们在一定社会历史环境下创造的。文化是一个国家、一个民族的灵魂。文化是一个民族的血脉，是一个国家的精神支柱。先进的社会主义文化是积极向上的、科学的、健康的文化，是我们党在全面总结几十年历史经验基础上，汇集各个时期文化理念的精粹内涵，逐步形成和发展起来的。先进文化就是以马克思主义为指导，以培育有理想、有道德、有文化、有纪律的公民为目标，发展面向现代

化、面向世界、面向未来的，民族的、科学的、大众的社会主义文化。社会主义先进文化传承了中国优秀传统文化，吸收了传统文化的精华，剔除了传统文化中的糟粕部分，并在其发展过程中，借鉴世界各国的优秀文化，不断创新，与时俱进，形成与时代主题相一致，与社会发展潮流相符合，代表未来社会发展方向的一种文化。与此同时，社会主义先进文化是在马克思主义理论指导下，我们党经过艰苦奋斗，又经过长期的中国革命、建设、改革的伟大实践中形成的宝贵经验。作为马克思主义中国化理论成果的社会主义先进文化，是我国人民的智慧结晶，更是推动人类社会发展、与时俱进的强大力量。

（二）社会主义先进文化对高校思想政治教育的影响

1.有助于引导大学生形成正确的世界观、人生观、价值观

全国各高校开展思想政治教育的根本目的是帮助学生形成正确的“三观”，帮助和引导人们认识、改造客观世界和主观世界，提高改造客观世界与主观世界的能力。作为上层建筑中意识形态范畴的社会主义先进文化，既是中华优秀传统文化、革命文化以及时代精神的高度统一，也是中国特色社会主义文化的集中体现。自强不息的进取精神、勤劳勇敢的奋斗精神、爱国主义精神，为大学生的品质、意志力的思想政治教育中提供了丰富的教育资源。社会主义先进文化始终坚持以正确的舆论引导人、以高尚的精神塑造人、以优秀的作品鼓舞人，以马克思主义中国化的最新成果武装学生的头脑，激励他们为实现自己的价值而不懈奋斗；为大学生树立科学的世界观、人生观、价值观引领方向，确保其向正确的方向发展。

2.有利于引导大学生树立科学的文化观

文化观是指对文化所抱有的看法、观点和根本态度。在当今开放的国际环境下，各种社会文化思潮不断涌入，各国文化交织，主流文化与非主流文化，先进文化与落后文化在全世界的大环境下相互激荡。面对这些文化时，如果选择判断能力较弱，同时受到一些腐朽的、落后的、不良的西方文化的影响，便会失去正确的判断，就会产生对中国优秀传统文化和先进文化的质疑和否定。部分大学生表现出对传统文化和主流文化的不妥协主义。社会主义核心价值体系是社会主义先进文化的重要组成部分。用社会主义核心价值体系来引导大学生学习最新理论成果及新时代新思想，有助于学生更好地理解民族精神和时代的理念。在社会主义先进文化的引领下，倡导社会主义核心价值体系，让学生在激荡的社会思潮下，尊重社会文化差异，扩大社会认同感，以科学、包容的态度对待中国优秀传统文化和外来文化，从而帮助大学生逐步树立起正确的文化观。

3.有利于促进大学生全面发展

在人类漫长的历史长河中，人们通过实践活动，创造出我们特有的文明成果——文化，而文化在这一过程中又影响和塑造着我们。马克思认为人的全面而自由的发展必然以每个人的自由发展为前提，文化则为实现人的自由提供了丰富的养料。人们通过学习文化，获得知识和技能，不断提升自身的素质和能力，增强认识世界和改造世界的能力，进而促进人的全面发展。党的十九大报告也指出，要不断促进人的全面发展，并把它列入习近平新时代中国特色社会主义思想的重要内容。全面发展是指大学生在学校的教育中，要实现德、智、体、美、劳同步发展。人的发展与文化的发展是紧密相连的，人发展了文化，而文化在潜移默化中熏陶感染人。社会主义先进文化的繁荣发展为人的发展提供了精神动力，从而利于人的全面发展。在高校的思想政治教育中，大学生的思想道德素质尤为重要，促进大学生的全面发展更是我国高等教育的基本内容。社会主义先进文化为高校思想政治教育提供了指导思想和理论支持，对于培养大学生思想素质和人文素质有重要的价值。所以，在高校思想政治教育中加强建设社会主义先进文化，在更有效地实现为社会培养全面发展型的人才目标的同时，更好地促进大学生全面发展。

（三）实现社会主义先进文化与高校思想政治教育融合的途径

1.加强高校思想政治教育队伍建设

思想政治教育者在高校思想政治教育中起着至关重要的作用，他们是先进文化的传播者、教育者，同时也是学生学习的榜样。2019 年 3 月 18 日，习近平主持召开学校思想政治理论课教师座谈会，会中强调：“办好思想政治理论课关键在教师，关键在发挥教师的积极性、主动性、创造性。”思想政治教育工作者要以身作则、严于律己，带头践行社会主义先进文化所秉承的理念，这样才能更好地带动学生学习先进文化。思想政治教育工作者要提升自身的专业素质，要跟上时代发展的步伐，熟练掌握思想政治教育的相关管理理念，并熟练运用。在高校中，对教师队伍的选拔也要严格把关。从各大 985、211 等高校中选拔思想政治理论水平高、思想道德素质高、综合能力高的优秀人才充实到思想政治教育教师队伍中去。时代在发展，社会在进步，文化也在不断创新。思想政治教育工作者也要坚持学习，与时俱进，不断提高自身的学术水平和理论水平，及时更新观念与知识，以适应时代的发展。

2.营造良好的校园文化氛围

校园文化是高校的重要组成部分，校园文化建设对大学生形成良好的思想品质、价值观念会潜移默化。营造良好的校园文化氛围，加强校园精神文明建设，必须用社会主义先进文化来引领。各高校要加强校风、学风建设，形成对广大师生有凝聚力的、有陶冶情操作用的优良学风，使学生在潜移默化中得到熏陶。学校应根据学生的需求和当下流行的文化趋势，结合先进文化的理念，开展形式多样的、内容丰富的校园文化活动，如开展以“社会主义核心价值观”为主题的班会活动，让大家充分交流，更加深刻地理解社会主义核心价值观。同时，各大高校也要加大宣传力度，对社会主义先进文化进行宣传教育。通过开展学术讲座、报告会、专题讨论、校园网络报道等形式，学生对先进文化的相关理论从了解到熟记于心，能够营造积极向上的、健康的校园文化，形成有自己特色的文化理念。在校园中设置一些有宣传意义的文化设施，加深学生对先进文化发展的了解，使其自觉地、主动地学习先进文化。营造良好的校园文化氛围，对学生了解和学习社会主义先进文化有重要的作用。

3.深入开展社会实践活动

社会主义先进文化一直强调“知行合一”,“知”通常指理论、知识,“行”指实践、行为。马克思主义的基本原则是理论与实践相结合，而这也正是高校在新时代改进思想政治教育工作的重要手段和方法。开展社会实践活动有利于大学生对社会有更深入的了解，提高大学生对社会政治、经济发展现状的了解，同时可以增强自身对国家和社会的使命感和责任感。全国各大高校也要树立实践育人的思想，积极为大学生提供更多良好的实践机会，让大学生走进社会，走进基层，更好地为人民服务。学校还要积极组织学生通过社会调查、公益活动、志愿服务等实践活动，让他们在实践中践行先进的社会主义文化包含的理念，弘扬社会主义先进文化，提升他们的思想素质和服务意识，让思想政治教育的外延得到更好的体现。社会实践是大学生成长成才中不可或缺的教育环节，为社会主义先进文化教育融入提供了有效途径。深入开展实践活动，可以让学生在实践中获得对客观规律的真理性认识，进而提高学生的思想境界，实现思想上的进步，也可以加深大学生对社会主义先进文化的理解。

社会主义先进文化是党和国家在长期的社会主义建设的实践经验中总结出来的，是我国几千年优秀传统文化凝聚的结晶，是符合国情、符合时代发展潮流的先进文化，是推动我国社会政治、经济、文化向前发展的精神动力。社会主义先进文化走进各大高校思想政治教育，是一个重要趋势。社会主义先进文化中的先进思想可以更好地帮助大学生树立正确的“三观”，更好地引领大学生向前发展，为大学生的发展提供强大的动力。

第四节　高校思想政治教育中文化融入的实现路径

一、坚持文化融入的理念和原则

文化融入理念正确地反映了高校思想政治教育的本质和时代特征，科学地指明了高校思想政治教育的发展方向，是高校思想政治教育必须遵循的基本理念。可以说，将文化融入高校思想政治教育的发展主线中，融入高校思想政治教育的整个运行过程中，是高校思想政治教育在新时代的必然要求。这反映了高校思想政治教育发展理念的转变，也是增强新时期高校思想政治教育的实效性，提高高校思想政治教育科学化水平的重要举措。

（一）树立文化融入的基本理念

树立高校思想政治教育文化融入的基本理念，应明晰文化融入的目的，了解文化融入的程度，明确文化融入的产物，树立文化融入的理念，并找准文化融入的切入点。

1.文化融入的目的

在建设社会主义文化强国的语境下，“文化融入”已成为推动高校思想政治教育改革创新的重要理念。文化融入，实质上是一种“以人为中心”的教育理念，是一种坚持“以人为本”的思想政治教育精神。文化融入，是建立在人们的“求知本性”和“自由本性”的基础上的，它通过人们的自我学习、自我努力、自我创造和自我实现，最终提高人们的积极性、主动性、自觉性和创造性。这是文化融入的目的和归宿。

提高人们的积极性、主动性、自觉性和创造性，生动地体现在思想政治教育的具体实践中。推动高校思想政治教育的文化融入，就是要促进人们在学习上、生活上、内心上能够与本国、本地的政治思想、价值观念、风土人情、风俗习惯等融合起来，促进人、社会、政治、文化以及环境等之间的融洽与和谐，从而为发挥思想政治教育的文化作用和文化的思想政治教育作用奠定基础。

2.文化融入度

文化融入度是指社会文化在高校思想政治教育的运行环境中，能够在多大程度上被高校思想政治教育者和受教育者所接受。文化融入度一方面反映了文化试图让高校思想政治教育者和受教育者接受的努力程度；另一方面反映了高校思想政治教育者和受教育者对这些文化是否接受，或者接受的程度如何。因此，对文化融入度的测量，有利于对文化的作用大小以及对文化在高校思想政治教育中的影响力大小作出全面客观的评价。

对高校思想政治教育的文化融入度进行有效测量，需要我们从各个维度上将高校思想政治教育和文化的结合情况以量化的形式表现出来，对高校思想政治教育的文化融入度整体以及细化指标有一个较为全面的认识。

文化是要全面地融入高校思想政治教育的方方面面，还是融入高校思想政治教育的一部分元素之中？文化是将其全部内容作为融入的对象，还是只将其中的一部分作为融入对象？在文化融入的过程中，融入的程度究竟如何？融合的进度又如何？这些问题都是人们在研究文化融入度过程中需要解决的，而决定这些问题的标准不是文化融入度的理论本身，而是经济社会发展状况以及时代发展的特征和要求。

3.文化融入的产物

从融入的基本过程上来看，融入在一定程度上意味着事物性质的改变，意味着另一种新的事物或者原有事物的一种新的属性的产生。当一种事物 A 融入另一种事物 B 之中，从而产生一种新事物 C 时，原来的事物 A 可能会消失，也可能仍然存在，还可能作为新事物 C 的一部分或一种性质而存在。而这种融入后的新事物 C 一般会改变原来事物 B 的某些性质或特点，这种新事物 C 或者是原来事物 B 的某些方面的改进和创新，或者作为一种新事物存在而与原来事物 B 完全不同。那么，将文化融入思想政治教育之中后，产生的新事物是什么呢？这个新事物是一项与原来完全不同的新的社会活动？还是只是对传统思想政治教育的继承和创新？

高校思想政治教育的文化融入，其目的是使它们的功能和作用得到有效的发挥，进而对社会作出更大的贡献，并不能因此就忽视了思想政治教育和文化的独立性。思想政治教育和文化作为两种不同的社会活动是相互独立存在的，并不可能相互替代，更不可能完全融合。实现高校思想政治教育的文化融入，并不会导致文化的消失或者文化功能的减退，甚至在一定意义上说反而会增强文化的功能。

推动高校思想政治教育的文化融入，是在扩大思想政治教育和文化的共同面的基础上，借助文化的优势和文化建设的有益经验和方法，推动高校思想政治教育的改革和创新。这个过程也在客观上通过发挥高校思想政治教育的功能推动了社会主义文化建设。

推动高校思想政治教育的文化融入，当然会使思想政治教育增加一些新的性质和特点，进而形成一个新的思想政治教育系统工程，这个系统既不同于社会主义文化建设的单项构建，也不同于思想政治教育的单项实施，而是思想政治教育和文化在相互作用中形成了一个新的系统。尽管如此，它并没有改变高校思想政治教育的根本属性，只是在一定程度上丰富和发展了高校思想政治教育的内涵。

4.文化融入的意识

高校思想政治教育的文化融入并不是一朝一夕就能完成的，它需要人们经过长期的、艰苦的努力才能实现。因此，应高度重视高校思想政治教育的文化融入在经济社会发展和社会主义优秀人才培养中的重要作用，并将其作为推动高校思想政治教育改进创新的一项重要任务，并尽可能地纳入到党和国家的总体发展规划之中，树立系统的、长期的文化融入理念，统筹规划、协调运行。增强高校思想政治教育文化融入的意识，要求人们在高校思想政治教育和文化之间创造更好的联系。重视高校思想政治教育和文化之间的整合和融会贯通，并且应避免将高校思想政治教育和文化简单地进行配置，也不能采取简单的“配比”比例的方法，而是要求思想政治教育和文化的均衡与整合，进而能够同时提高人们的思想道德素养和科学文化素养。

增强高校思想政治教育文化融入的意识，要求人们树立整合意识和渗透意识。一是应注意防止思想政治教育和文化仅限于形式上的操作，从而避免缺乏一定的理念性和思想性。二是应注意防止高校思想政治教育完全游离于经济社会发展之外的现象，使高校思想政治教育和文化贯穿于经济社会发展的各个领域和各个环节，从而避免因缺乏文化而失去一定的氛围陶冶和情感激励。三是应注意防止一种倾向掩盖另一种倾向，既防止在强调文化时忽视或淡化思想政治教育，也防止在重视和加强思想政治教育时弱化甚至摒弃社会主义文化。

增强高校思想政治教育文化融入的意识，要求人们自觉地学习和借鉴人类在发展文化方面的成功经验。向人类文明学习，要求我们努力汲取中国传统优秀文化和西方文化发展的优秀成果，充分利用中国特色社会主义文化的先进优势，以此来丰富和发展高校思想政治教育的内容和方法。在这种相互借鉴、相互促进中，努力实现高校思想政治教育文化融入的有效推进，使高校思想政治教育和文化相互促进、相得益彰、交相辉映。

5.文化融入的切入点

将文化融入高校思想政治教育的运行中，一定要努力探索高校思想政治教育文化融入的切入点，从而使两者互相影响、互相渗透、互相促进。比如通过加大环境建设、园林绿化、小区美化亮化等来建设优美的工作和生活环境。又如通过建设文化长廊、宣传先进典型等来使人们接收到更多的信息，从而为高校思想政治教育注入新的生机和活力。

第一，应找准文化融入的定位，将工作的着力点放在基层。在基层党组织中寻找高校思想政治教育和文化相结合的着力点，有利于使高校思想政治教育和文化工作渗透在基层、活动在基层、作用在基层，以确保各项工作、各项任务的有效完成。如果高校思想政治教育和文化能够深入到基层、深入到每一个群众中，就能够最大限度地发挥广大群众的积极性、主动性和创造性。我们应高度重视基层的思想政治教育和文化工作，坚持围绕中国共产党的中心任务，将促进经济社会全面发展、推动经济社会改革创新、提高经济效益和社会效益作为思想政治教育和文化工作的出发点、切入点和落脚点，从而进一步增强思想政治教育文化融入的主动性、针对性和实效性。

第二，应注意区分文化融入的结构和层次。文化的内容包括物质文化、行为文化、制度文化和精神文化等四个方面或四个层次。人们可以分别从这四个层次的文化出发，寻找思想政治教育和文化在内容原则、方法载体、制度机制等方面的有效结合点。

一是实现物质文化层面上的融入。物质文化都是附着在一定的看得见、摸得着的客观事物上的，这些具有一定文化元素的客观事物可以成为思想政治教育的有效载体。我们可以通过美化外界环境，建立富有文化内涵和精神教育价值的建筑物、展览物，采用广告、服务、现场体验等方式增强人们对社会思想文化和价值观念的认同，进而有效地增强物质文化的辐射力和穿透力。

二是实现行为文化层面上的融入。行为文化具体表现为人们的一定的社会行为。行为文化对社会组织以及社会成员的价值取向、行为取向等都能起到一定的导向作用，进而能够使组织和个人的行为符合一定的社会发展要求和社会发展目标，因而对人们的思想政治教育行为也具有很强的引导作用。在这方面，我们可以结合社会发展实际和社会的政治要求确定行为文化的价值导向，增强行为文化的针对性，进而成为约束和规范思想政治教育行为的有效手段。

三是实现制度文化层面上的融入。制度文化以一定社会的政治制度、社会政策、社会规范等形式表现出来，是对人们的社会行为的“硬性”约束。这种制度文化带有一定的价值导向性，可以与高校思想政治教育的制度机制有效结合起来。换个角度说，高校思想政治教育的制度机制也可以被看作是社会制度的一部分。在这方面，我们可以通过进一步建立和完善社会价值规范和道德规范，优化社会运行的制度机制来增强社会对人们的价值观念的引导以及对社会日常行为的规范和约束，进而为思想政治教育的文化融入提供良好的制度环境。

四是实现精神文化层面上的融入。精神文化主要表现为社会的思想观念和精神理念，是社会主流意识形态的集中体现。精神文化直接代表着社会的政治价值和思想意识，其本身的内容就是高校思想政治教育的一部分。例如，中国特色社会主义理论体系、社会主义核心价值体系和社会主义核心价值观、中国特色社会主义文化等都是社会主义精神文化的重要内容，同时也是高校思想政治教育的根本内容。在这方面，我们可以将精神文化的主要内容直接纳入到思想政治教育的内容中，对广大群众直接进行精神文化方面的教育。

（二）确立文化融入的主要原则

在树立文化融入基本理念的基础上，我们还应确立起高校思想政治教育文化融入的基本原则。这些文化融入的基本原则包括方向性原则、系统性原则、主体性原则、创新性原则、相互补充渗透原则等。

1.方向性原则

高校思想政治教育和社会主义文化建设的目标都是为了能够全面提高人们的思想道德素质和文化素质，进而培养和造就中国特色社会主义事业的建设者和接班人，为建设“两个一百年”和实现中国梦作出贡献。促进高校思想政治教育的文化融入，应坚持正确的文化融入导向，始终坚持为人民服务、为社会主义服务的正确方向。

第一，坚持为人民服务的发展方向。推动高校思想政治教育的文化融入，应通过高校思想政治教育和文化建设的特有形态和有效途径为广大群众服务，也就是采用文化知识教育和科技知识普及等方式逐步提高人们的思想道德素质和科学文化素质，为促进社会生产力的发展提供强大的精神动力和智力支持。在推动高校思想政治教育文化融入中坚持为人民服务，必须通过精神激励、舆论引导等方式营造良好的文化氛围，保证社会主义沿着全面、协调、可持续的方向发展；通过不断地创造新的精神文化产品满足人们不断增长的精神文化需求，进而丰富人的精神世界、增强人的精神力量、实现人的全面发展。

第二，坚持为社会主义服务的发展方向。高校思想政治教育和社会主义文化建设都具有极强的意识形态性。加强高校思想政治教育和文化建设应始终坚持社会主义的正确方向，推动高校思想政治教育的文化融入更应坚持社会主义的发展方向，这对促进高校思想政治教育和文化建设的发展都具有重要意义。在推动高校思想政治教育文化融入中坚持社会主义方向，必须始终坚持以邓小平理论、“三个代表”重要思想、科学发展观和习近平新时代中国特色社会主义思想为指导，加强社会主义核心价值体系的建设和社会主义核心价值观的培育，坚持解放思想、实事求是、与时俱进、求真务实，坚持唱响主旋律、提倡多样化，在坚持社会主义的发展方向中推动社会主义文化的大发展、大繁荣，推动高校思想政治教育的改革和创新。

2.系统性原则

从系统论的角度看，高校思想政治教育和文化是两个独立的系统。但从社会大系统的角度看，高校思想政治教育和文化也可以被看作是一个系统中的两个不同元素。高校思想政治教育和文化的性质和功能决定了它们之间是相互贯通、高度一致的。

推动高校思想政治教育的文化融入，就是要促进高校思想政治教育和文化的系统融入，实现文化在高校思想政治教育中的整体融入以及系统中的不同元素之间的融合，发挥高校思想政治教育和文化的整体功能。推动高校思想政治教育的文化融入，应注重思想政治教育和文化的协调发展，对高校思想政治教育和文化的发展有一个全面、系统、长远的考虑，不能厚此薄彼，更不能重视一个而忽视另一个；应充分认识到高校思想政治教育对文化建设的重要性和文化对高校思想政治教育的重要性，认识到高校思想政治教育和文化是一个有机的不可分割的整体，忽视了哪一个另一个都不能良好地发展。因此，在推动高校思想政治教育文化融入的过程中，一定要坚持整体推进、同步推进，要注重资源整合、科学规划、统筹安排，真正做到高校思想政治教育和文化以及系统中的各个元素的科学发展、协调发展、可持续发展。

3.主体性原则

推动高校思想政治教育的文化融入，必须坚持主体性原则，树立主体性意识，增强广大人民群众在推动文化融入中的积极能动性和主观创造性，推动高校思想政治教育文化融入良好效果的实现。正如 1944 年 10 月 30 日，毛泽东同志在陕甘宁边区文教大会上所讲：“我们的文化是人民的文化，文化工作者必须有为人民服务的高度的热忱，必须联系群众，而不要脱离群众。要联系群众，就要按照群众的需要和自愿。一切为群众的工作都要从群众的需要出发，而不是从任何良好的个人愿望出发。”因此，做好群众的思想文化教育工作，应该坚持两条原则：“一条是群众的实际上的需要，而不是我们脑子里头幻想出来的需要；一条是群众的自愿，由群众自己下决心，而不是由我们代替群众下决心。”

在推动高校思想政治教育的文化融入过程中坚持主体性原则，就是要坚持以人为本，增强广大群众的主体性意识。坚持以人为本就是坚持广大群众在实践活动中的主体地位。

一是充分发挥广大群众在推动文化融入中的积极主动性，通过大力推进思想政治教育和社会主义文化建设提高人们的思想政治素质和科学文化素质，把促进人们的成才与成长作为工作的出发点和落脚点，把培养社会主义的合格人才作为工作的根本任务，把实现人的全面发展作为工作的根本目标。二是充分调动起广大人民群众的参与热情，充分地唤醒和切实地增强人们的主体意识，发挥人民群众在推进高校思想政治教育文化融入中的主导性作用和决定性作用。三是强化自我意识，使广大群众能够自觉地、主动地认识自我、提升自我，将个人努力塑造成具有优秀品质和良好素质的社会主义公民。

4.创新性原则

时代性和创新性是当今社会发展的最突出特点。现代社会的发展节奏越来越快，人们的生活方式、思维方式和思想观念都发生了或者正在发生着重大的前所未有的变化。紧跟时代步伐、坚持与时俱进、推动改革创新已经成为时代发展的最强音。推动高校思想政治教育和社会主义文化建设，也必须紧跟当代中国改革发展的时代潮流，必须紧跟当今世界的发展潮流。高校思想政治教育文化融入的提出，本身就是时代发展的客观要求和时代创新的生动体现，也是高校思想政治教育和文化建设创新发展的重要趋势。

推动高校思想政治教育的文化融入，应坚持与时代发展保持同步的原则，紧跟时代发展的步伐，超前或者落后都不利于高校思想政治教育和文化建设作用的发挥。因此，我们应在推动高校思想政治教育和文化建设共同发展的具体实践中，把握时代特点、紧握时代脉搏、关注发展热点、关切群众诉求，推动思想政治教育和文化的融合创新。这种融合创新体现在多个层次和方面，包括内容的创新、方法的创新、载体的创新等。

二、建立促进文化融入的制度机制

文化融入思想政治教育的过程并不是零散无序的，而是一项系统工程。作为系统工程，它强调要素与要素之间的有机结合。各种要素的相互结合及其整体运作需要有一种相对规范有效的制度机制。科学、健全、规范、有效的规章制度和运行机制，是思想政治教育文化融入的重要内容。它带有一定的强制性，能够为思想政治教育和文化的协调发展提供不竭动力。

（一）建立有利于文化融入的领导体制和工作机制

建立科学的领导体制和工作机制是促进高校思想政治教育文化融入的重要保证。高校思想政治教育文化融入的领导体制主要体现在组织、人才、思想等方面，是管事、管人、管思想的有机统一。高校思想政治教育文化融入的工作机制是领导体制的进一步细化和具体化。

1.统一领导、齐抓共管

推动高校思想政治教育的文化融入，应建立健全高校思想政治教育和文化建设的有效管理机制。应始终坚持党的统一领导，建立党委“一把手”负责的领导机制。同时，充分发挥党政工团等各部门和各团体的积极作用，发挥各条战线、各个行业、各个领域的积极作用，努力形成党委统一领导、党政工团齐抓共管、各部门各单位各负其责、全社会共同参与的领导体系和工作机制，形成一支专职与兼职相结合，行政干部、业务干部、技术干部以及其他人员共同参与的大格局。

（1）高度重视、切实负责。各级党委应高度重视高校思想政治教育的文化融入问题，充分认识到高校思想政治教育的文化融入是时代发展的必然趋势，是推动新时期高校思想政治教育改革创新和推动社会主义文化大发展、大繁荣的客观要求。各级党组织应切实肩负起领导和指导思想政治教育和文化建设的重要责任，对高校思想政治教育文化融入的主要目标、主要任务、过程步骤、目的意义等都要通盘考虑、精密筹划、周密部署，认真研究和解决文化融入过程中可能遇到的矛盾和问题，不断推动高校思想政治教育文化融入的纵深发展。各级党组织应切实把推动高校思想政治教育的文化融入列入日常的重要工作议程，列入经济社会改革发展的总体规划中，防止出现“嘴上重视、行动忽视、待遇歧视”的现象。

（2）加强党组织的领导。各级党组织切实加强对高校思想政治教育和文化建设工作的领导，既能提高党的权威、改善党的领导方式和执政内容，又能保证文化建设的社会主义方向，从而为推动高校思想政治教育的文化融入提供强大的精神动力、良好的环境条件、有力的组织保障。

在高校思想政治教育和文化建设中坚持党的领导，应该将各级党组织的“一把手”作为文化融入工作的第一责任人，其他领导人员也应该明确任务、各负其责，切实将高校思想政治教育和文化建设的领导权抓在手上，落实到具体工作之中，并将开展高校思想政治教育和文化建设的成效作为工作考评和选拔领导干部的重要标准。

（3）优化高校思想政治教育和文化建设的有效管理机构。一定的管理机构是高校思想政治教育和文化建设的“协调装置”。管理机构的设置是否合理、运转是否协调，将对高校思想政治教育和文化建设的发展有着重要的影响。优化高校思想政治教育和文化建设的管理机构，能够使决策、组织、领导、控制、创新等职能处于科学、有序的状态，从而最大限度地促进社会各类资源的优化配置，激发起广大学生的积极主动性，从而不断地将高校思想政治教育和文化建设工作推向前进。

优化高校思想政治教育和文化建设的有效的管理机构，能够为推动高校思想政治教育和文化建设的创新提供源源不断的精神动力和物质保障，能够有效地实现高校思想政治教育文化融入的目标。如果相关管理机构的配置不合理，甚至出现职能重叠、职责不明、运转不灵、效率低下等情况，必然会影响到高校思想政治教育和文化建设优化的生机和活力，阻碍高校思想政治教育的文化融入。因此，优化管理机构，关键在于对相关管理机构进行合理配置，明确相关机构的职责，保证管理机构的协调、高效率运行。

（4）加强文化传播部门的作用。文化传播媒介在传播社会文化和文化产品过程中发挥着极为重要的作用，对社会文化环境也产生着重要的影响。文化传播部门在加强社会主义精神文明建设、整治社会文化环境中的责任也非常重大。在经济效益和社会效益面前，各类报纸、杂志、广播、电影、电视、网络等文化传播部门一定要树立以社会效益为先的思想观念，正确把握文化导向，积极报道反映社会主义新风尚的好人好事，播放能够体现积极向上、艰苦奋斗、见义勇为等伟大精神的电影电视作品，传播各种既能够反映中华民族传统美德，又富有时代精神的文化产品，杜绝各类精神不振、庸俗低俗的文化产品进入媒体，污染文化环境。

（5）加强文化管理部门的作用。文化管理部门在加强社会文化市场的管理和文化环境的整治中发挥着重要的作用。加强文化管理部门的作用，一是应加快立法，建立健全社会主义文化市场的相关规章制度，从制度上保证文化市场的健康发展。比如：建立各种媒体尤其是新媒体的登记审查和定期检查制度，建立文化工作人员的教育培训制度，建立对文化市场的治理制度和违法人员的惩治制度等。二是应加大执法力度，做到严格执法。应加大对文化经营部门的监督检查力度，坚持固定检查和突击检查相结合，形成文化监督检查的常态化、长效化机制。大力加强对文化环境的整治力度，通过采取各种有效措施打击制黄贩黄、盗版剽窃等活动，禁止低俗庸俗的、腐朽落后的文化产品进入到文化市场中，净化文化市场环境。

2.引导群众积极参与

党的思想政治教育和文化建设工作，实质上都可以说是党的群众工作，是一个教育群众、发动群众、引导群众、提高群众的过程。在这个过程中，群众并不是消极被动的，而是积极主动的，是充分发挥自身的聪明才智积极参与建设的。

（1）树立全员共建意识。高校思想政治教育的文化融入是一项系统性的工程，这项工程的完成，离不开党的坚强领导，同时也离不开各个部门、各个单位、各个环节的协调和配合，离不开广大学生的积极参与。推动思想政治教育的文化融入单纯依靠几个部门的努力是完成不了的，更需要广泛发动各个方面的力量，调动起学生参与建设的积极性和主动性。因此，推动高校思想政治教育的文化融入，应在全学校树立起全员共建的意识，充分调动起全校师生的积极性、主动性和创造性。只有每个师生都深刻地认识到自己的责任并主动肩负起责任，努力做好本职工作，才能有力地促进高校思想政治教育和文化建设的同步发展、协调发展、融合发展。

（2）引导广大师生积极参与。推动高校思想政治教育的文化融入，不能只是依靠政府部门的努力，还需要依靠广大师生的积极参与。这就需要引导全校师生的共同参与，提高广大师生的参与能力，激发他们参与的积极主动性；需要确立师生的主人翁地位，真正实现民主参与，建设积极向上的参与氛围。

一是改进工作方式。领导干部应转变思想观念，坚持密切联系群众，充分尊重师生的主体地位，发挥师生的主体作用，将党的一切工作都置于师生的监督之下，接受广大师生的监督和考核。通过各种途径及时、定期地与广大师生沟通信息，让广大师生了解当前的形势和面临的任务以及面临的各种问题和困难，增强广大师生的责任感、使命感。二是引导广大师生积极参与到社会生产、经营、管理、服务等的整个过程之中，使广大师生与经济社会的发展同呼吸、共命运，从而形成一个能够相互依靠、相互促进的利益共同体。

（二）建立高校思想政治教育与文化的互动发展机制

实现高校思想政治教育的文化融入需要保持思想政治教育与文化之间的良性互动和同步发展。如果高校思想政治教育与文化之间出现隔离或者其中的一个严重滞后于另一个，就会深刻地影响到高校思想政治教育的文化融入效果。

1.建立高校思想政治教育与文化的互动机制

推动高校思想政治教育和文化的互动，要求实现高校思想政治教育和文化在内容上、功能上、载体上、方法上的互动与整合。高校思想政治教育与文化的互动包括主客体的互动，内容、方式、目标的互动，以及主客体与内容、方式、目标的互动等。

第一，建立高校思想政治教育与文化的平衡协调机制。建立高校思想政治教育与文化的平衡协调机制，要求人们主动地对社会文化信息进行积极的反馈、筛选和辨别，从而形成高校思想政治教育和文化的正确导向机制。一方面充分发挥高校思想政治教育的主导作用；另一方面从组织、制度、方法等方面建立和完善社会主义文化建设的导向机制，进而主动吸收各种文化信息中的积极有益的成分，丰富和充实思想政治教育和文化的内容和形式，为高校思想政治教育和文化增添时代色彩和生机活力。

第二，建立高校思想政治教育与文化互动的规范、约束、引导机制。建立高校思想政治教育与文化互动的规范、约束、引导机制，需要从以下几个方面进行努力：一是发挥社会主义文化对人们的思想和行为的规范、约束和引导作用。二是形成个人的自我教育、自我导向和自我完善机制。三是充分发挥社会精神、集体舆论、典型榜样、人际环境以及各种规章制度等对人们的规范、约束和引导作用，促进社会主义文化的健康发展。

第三，建立高校思想政治教育与文化互动的保障机制。建立高校思想政治教育与文化互动的保障机制，需要从以下几个方面进行努力：一是帮助人们形成正确、高尚的自我导向机制，使人们自觉地、主动地、正确地对各种文化信息进行辨别、筛选、消化、吸收，使人们的思想文化素质的提高过程变成一个自我教育、自我完善的过程。二是经常对广大群众进行理想信念、中国特色社会主义、国情社情、形势政策等方面的教育，使广大群众在面对各种社会文化思潮的冲击时能保持坚定立场和正确方向。三是结合我国的基本国情和广大群众的个体发展需要，加快对人们尤其是青少年的政治社会化进程，使他们在政治社会化过程中形成正确的价值目标、政治态度、道德规范、职业角色等。四是开展多种形式的社会实践活动，形成社会实践、科技文化服务、经济建设“三位一体”的活动机制，积极组织广大群众参与到这些社会活动之中，介入到经济社会发展的整个过程之中，在亲身实践中提高思想素质、锻炼工作能力。

2.建立高校思想政治教育与文化的同步发展机制

开展有效的高校思想政治工作是党的优良传统，也是党多年来积累下来的宝贵经验。在社会主义市场经济不断健全和完善的今天，思想政治教育仍然是一项不可或缺的重要工作，并在经济社会发展的各个方面都发挥着重要的作用。社会主义文化建设作为中国特色社会主义建设布局的重要部分，是“五位一体”中的重要内容，并在经济社会发展中越来越显示出它的重要性。从一定意义上说，一个国家的文化发展状况决定了这个国家的竞争力的高低，文化已经成为国家发展的重要动力。可见，无论是思想政治教育还是文化建设，都是党的事业的一部分，都在各自的领域中发挥着不可替代的作用，并且这两者相互促进、相辅相成。思想政治教育保证了文化建设的正确发展方向，而文化建设也推动了思想政治教育的改进和创新。

高校思想政治教育和文化建设虽然存在着密切的联系和相互作用，但这种相互作用还是存在一定差别的。高校思想政治教育对文化建设更多的是一种指导作用，而文化建设对高校思想政治教育更多的是一种促进作用。也就是说，高校思想政治教育在“两个文明”建设中处于指导地位，具有导向作用。高校思想政治教育指导着文化建设保持社会主义方向，而文化建设为高校思想政治教育创造了必要的条件和良好的环境。文化建设以其独特的文化方式和活动方式为高校思想政治教育提供了新思路、新内容和新方法，有效地促进了高校思想政治教育向深度和广度拓展。

从整体上看，虽然高校思想政治教育和文化建设具有许多相同之处或相通之处，能够实现有机结合，但在实际工作中，这两者都不能偏废，更不能相互替代。高校思想政治教育和文化建设承载着不同的社会职责，在经济社会发展中发挥着各自不同的作用，不能以文化建设代替思想政治教育，更不能以思想政治教育代替文化建设。否则，就会模糊界限，不仅会削弱思想政治教育的作用，还会使文化建设失去指导方向。

建立高校思想政治教育与文化的同步发展机制，应坚持高校思想政治教育和文化建设同时加强、同步推进，在工作的具体部署和安排上应保证思想政治教育与文化工作的同步骤、同安排。应逐步建立有利于促进思想政治教育文化融入的多层次、多形式、立体化、开放式的工作平台，建立以信息反馈、信息整理、信息共享为基础的工作系统，在加强对各种信息的反馈、整理、共享的基础上，推动思想政治教育和文化建设的同步发展、融合发展。

第七章　高校思想政治教育资源整合的实践创新研究

第一节　高校思想政治教育资源整合概述

一、高校思想政治教育资源整合的含义

高校思想政治教育资源整合直接关系到高校思想政治教育的顺利开展，是高校进行思想政治教育的基础和高校思想政治教育可持续发展的重要保证。并且，高校思想政治教育资源整合决定着高校思想政治教育水平的高低。

“整合”一词从字面上可以解释为调整、组合，体现在规模、结构、质量、成本和效益的有机结合。英国哲学家赫伯特•斯宾塞（Herbert Spencer）于 1862 年在《第一原理》中最早给出“整合”的定义：“即由系统整体性及系统核心的统摄、凝聚作用而导致的使若干相关部分或因素合成一个新的统一整体的建构、优化过程。这种建构、优化的过程其实就是调整系统中不同部分的规模、结构、质量和成本，并重新组合，以达到效益最优的过程。”1969 年劳伦斯（Lawrence P.R.）和罗斯（Lorsch T.W.）在《组织与环境》中，从组织行为角度对整合加以阐述，认为整合是一个组织内不同部门之间用来协调其活动所采取的行为和所使用的结构。“整合”是对现有资源进行合理的调整和有机的组合，追求资源的整体结构最优化和整体效益的最大化。“有机”最早是生物学概念，是指事物构成的各个组成部分遵循一定的秩序和排列组合，并且各个部分之间是密切相关的，具有不可分的统一性。

有学者从一般意义上对高校思想政治教育资源整合的内涵作了界定，认为“所谓高校思想政治教育资源整合，是指高校思想政治教育者根据已有的高校思想政治教育资源

形态及其内在联系，在不同的时间里，在不同的地区、部门、单位之间进行合理的搭配和组合，以形成高校思想政治教育资源的合理结构，从而实现思想政治教育功能和效益最大化的实践活动”。也有学者认为“德育资源整合是指德育主体为实现德育目标和保证德育活动正常开展，对所需要的各种德育资源进行调配、整合的实践活动”。还有学者认为“高校思想政治教育资源整合是指高校思想政治教育活动中各种资源投入的方向和分配。其含义包括宏观整合、中观整合和微观整合三个方面，宏观整合是指高校思想政治教育资源在不同地区和学校之间的分配，微观整合是指高校思想政治教育资源在高校内部的分配，中观整合是指高校思想政治教育资源在同一地区不同高校之间的分配”。这些观点都有一定的合理性，有许多值得借鉴的地方，但关于专门针对高校思想政治教育资源整合内涵的概括还不是很具体。

在当前的理论研究和实践领域，也存在着对高校思想政治教育资源整合进行含糊、局部的全面式研究的现象，如近年的一些前沿理论中，主动运用系统论、信息论、控制论，在一定程度上对高校思想政治教育资源整合利用有不同程度的涉及，如综合教育法、综合治理等，这些观点是与全面资源开发利用理论最接近、最有价值和最有代表性的理论和实践，这些研究是必要的，但在层次上还有待提高和升华。

高校思想政治教育资源整合的内涵可以从战略思维和战术思维两个层面来把握。在战略思维的层面上，高校思想政治教育资源的整合是用系统论的思维方式，将高校思想政治教育资源视为一个系统，通过对系统内各因素进行调整，合理配置并有机结合，使之相互联系、相互渗透，追求思想政治教育资源的整体结构和功能的优化，协调发展，形成教育合力，实现思想政治教育整体效益的最大化。在战术思维的层面上，高校思想政治教育资源的整合是优化配置的决策。

根据思想政治教育目的，有针对性地选择和运用高校思想政治教育资源，并进行合理配置，寻求思想政治教育资源配置与教育需求的最佳结合点。通过对思想政治教育资源的有机整合，可以避免思想政治教育资源重复利用、闲置与浪费，提高思想政治教育资源的利用效率，使思想政治教育资源发挥最大的功能和作用。

高校思想政治教育资源整合包括三个层次的含义。第一个层次是指将潜在的高校思想政治教育资源挖掘出来，使之成为现实的资源，为高校思想政治教育服务；第二个层次是使已经开发出来的资源参与到高校思想政治教育活动中去，对开发不充分的资源要进行深度挖掘，使之充分发挥作用；第三个层次是将充分开发的资源合理利用、合理分布，进行优化整合，避免闲置浪费。有效地整合与优化高校思想政治教育资源，不仅能适应高校思想政治理论课教育教学发展的需要，还能加强和完善思想政治理论课的学科理论体系建设。

高校思想政治教育资源在思想政治教育中起着基础性作用，是思想政治教育的重要基础。通过对高校思想政治教育资源的整合和科学合理配置，可以提升思想政治教育资源的使用效益。整合和优化高校思想政治教育资源，有利于实现高校思想政治教育资源的可持续发展和利用；有利于促进高校思想政治教育资源利用的经济效益、社会效益、环境效益的提升；有利于优化高校思想政治教育资源结构；有利于增强高校思想政治教育资源利用的广度和深度；有利于节约思想政治教育的成本，提升资源利用的数量和质量，实现高校思想政治教育资源效益的最大化，最终实现高校思想政治教育资源利用在促进人的全面发展以及社会全面进步上作用的发挥。

由此，本书把高校思想政治教育资源整合的概念界定为：所谓高校思想政治教育资源整合，是指思想政治教育工作者按照一定的计划和目的要求，把高校思想政治教育资源进行合理配置，使之成为具有相互联系、相互作用、相互影响、相互制约的不可分的有机统一体，使高校思想政治教育资源从无序状态到有序状态，避免闲置、浪费和利用率低下，促进高校思想政治教育资源的优化组合，实现其结构和功能的互补增值价值，突破时空限制，实现资源共享，最终目的是产生最大化的高校思想政治教育效益，从而促进大学生的全面健康发展。

通过这一定义，我们可以看出：首先，高校思想政治教育资源整合的主要目标是非常明确的，主要是为了实现高校思想政治教育资源功能和效益最大化，从而促进大学生思想道德水平的提高和综合素质的发展，这与思想政治教育的要求是一致的；其次，资源在整合过程中必须遵循一定的规律，任何事物的发展都有其自身的规律性，高校思想政治教育资源的整合也同样如此，如果将资源看成是杂乱无章的，并将它们进行任意搭配，就不可能达到预期的目标，甚至会产生相反的作用；最后，根据不同的标准，可以将整合分为时间整合、空间整合和数量整合，这基本涵盖了高校思想政治教育资源整合的不同方位。

二、高校思想政治教育资源整合的特征

（一）传承性

恩格斯曾经说过：“没有希腊文化和罗马帝国所奠定的基础，也就没有现代的欧洲。”我国的高校思想政治教育资源整合也不能脱离我国传统的教育资源发展而成为空中楼阁。我国丰富的德育思想和民族优良传统为现今的高校思想政治教育资源提供了深厚的文化底蕴。文化的传承性使当代高校思想政治教育不能远离传统。教育是人类文化发展的一种机制，没有文化传统就不会有教育，因为文化传统是一个民族无法拒绝的历史传承，这就注定了教育必须以传统文化为基础，去继承传统，承认历史和传统对人类的作用，从而根据民族传统采取特定的教育行动向下一代提供有关人类历史发展的范例和参照系。因此，任何一个国家进行新文化建设，都不可能脱离本民族的优秀传统文化。今天我们进行中国特色社会主义文化建设，同样要根植于传统文化，汲取其中的优秀养分，高校思想政治教育更是如此。

在高校思想政治教育资源整合中，虽然教育内容和方法在随着时代的变化而变化，也在随着社会的思想观念、价值标准的变化而不断更新，但是马克思主义只有与中国传统文化的精华结合才能在当代中国发挥更大的作用。高校思想政治教育的主要内容是马克思主义，思想政治教育的根本目的和主要任务，是运用马克思主义教育广大学生，使他们将其作为行动指南，从而培育高素质的社会主义事业建设者和接班人。面对世界现代化潮流的新的历史挑战，客观上需要以中华民族传统文化为依托，以马克思主义为根本指导，实现古今中外优秀文化的最佳互补结合，建立起一种既批判继承历史传统又充分体现时代精神、立足本国又面向世界的中国特色社会主义新文化。总之，对于高校思想政治教育，特别是新时期的思想政治教育来说，中国传统优秀文化是取之不尽、用之不竭的源泉。

（二）复杂性

高校思想政治教育资源整合的复杂性主要体现在高校思想政治教育资源的多样性与可变性，以及思想政治教育资源的内在关系和发挥作用的内在规律的复杂多样化。高校思想政治教育资源的多样性取决于思想政治教育资源本身的广泛性、丰富性，其存在形式多种多样。根据高校思想政治教育资源的存在形态、空间分布、作用方式、时期、

真实情况可以分为很多种类型。高校思想政治教育资源的可变性取决于不断产生新的思想政治教育资源和进一步挖掘思想政治教育资源新的价值和功能。随着社会的发展、知识的更新、信息的变化、受教育者兴趣与爱好的改变，高校思想政治教育资源的选择和运用也不是一成不变的，而总是处于变化之中，因此所选择和运用的思想政治教育资源的可变性极强。各种思想政治教育资源之间不是孤立的，它们之间存在着互补关系、替代关系、支持关系，并且具有有序重组规律、互补增值规律、连锁感应规律。因此，高校思想政治教育资源系统是一个极为复杂的具有相互联系、相互影响、相互作用的有机统一体。

（三）增值性

高校思想政治教育以树立大学生科学的世界观、正确的人生观和价值观，培养其成为社会主义建设事业的可靠接班人和建设者为目标。通过对高校思想政治教育资源的整合，它能够更有效地激发他们的潜能，提高思想觉悟，调动他们的积极性、能动性和创造性，确立个人对政治信念、社会责任和道德境界的不懈追求。从长远看，高校思想政治教育资源整合对个体和社会发展所产生的深层次和战略性价值是难以估量的，也是其他教育所无法比拟的，因而高校思想政治教育资源整合可以产生倍增的价值。这一特点是我们加大高校学生思想政治教育资源投入的重要理论依据。

（四）开放性

高校要积极改变传统的封闭的教育模式，建立开放式、协作性的教育模式，这是思想政治教育发展的一种新方式。开放性，使思想政治教育资源能够与其他教育资源系统完成必要的关联性整合应用。

高校思想政治教育资源整合将具有时代特色的理论与最新实践成果整合到高校思想政治教育中来。例如，平等意识、维权意识、市场意识等。资源整合实现了高校思想政治教育各种资源的优化配置，整合了各种有效资源，以克服校内资金、师资、设施、环境等的相对不足，建立开放性的思想政治教育体系。这样学生们接收信息、处理信息，可以更为迅速便捷，可以通过更多元化的渠道和方式，与老师进行信息交流。在开放便捷的资源系统中，筛选信息也更迅速，发布信息和接收信息相对传统都更宽松自由。

高校思想政治教育工作者应高度重视思想政治教育资源的开发与利用，创造性地开展各类活动，增强挖掘资源、整合资源的意识，多方面提高整合能力。通过相关整合技术和井然有序的整合计划，将高校思想政治教育资源系统提升到一个全新的高度，确保它在未来可持续发展。

（五）创新性

高校思想政治教育资源整合将思想政治教育实践活动和实践成果上升到了资源整合的高度。例如，整合校内与校外、课内与课外的思想政治教育资源；建设高校思想政治教育资源库；关注思想政治教育人力资源存在的隐性流失。高校思想政治教育资源分为人力、物力、财力、信息、组织和制度六大资源。进行资源整合，可以丰富和拓展传统思想政治教育资源体系的内容；依据大学生思想和心理发展变化的特点、规律进行资源整合和配置。思想政治教育资源在思想政治教育中起着基础性作用，是思想政治教育的重要条件和实现基础。通过对思想政治教育资源的创新和科学合理配置，可以带来丰厚的思想政治教育效益。

高校思想政治教育资源进行整合和创新，有利于实现高校思想政治教育资源的可持续发展和充分利用；有利于促进思想政治教育资源利用的经济效益、社会效益、环境效益等综合效益的有效提升；更有利于促进大学生的全面发展以及大学生个人素质的全面提高。

（六）效益性

思想政治教育效益是指思想政治教育者为实现思想政治教育目标和任务而进行的各种活动所产生的作用及其影响。思想政治教育效益是近期效益和远期效益的统一、单一效益和多重效益的统一、确定效益与模糊效益的统一、个体效益与社会效益的统一。过去，在计划经济条件下的国家和各级政府、国有企事业单位举办的各级各类教育机构办学模式单一、办学体制僵化、教育机构冗员严重、教育资源利用率低，存在着严重的教育资源浪费状况。在这些公办教育机构中沉淀着相当数量的物力资本和人力资本存量。若充分利用市场经济资源配置的机制和方式整合这部分沉淀着的教育资源存量，其教育市场供给的潜力是相当大的。将经济学中的效益性原理运用于高校思想政治教育资源整合中，一方面可以满足经济的多元化带来的社会对高等教育多样化的需求，另一方面可以通过市场机制整合高校思想政治教育资源的存量，发挥其效益性，从而推动教育产业化进程。

第二节　高校思想政治教育资源整合的规律和原则

一、高校思想政治教育资源整合的规律

高校思想政治教育作为一项思想政治教育实践活动，有其自身特有的发展规律。马克思主义告诉我们，规律是事物运动过程中客观的、固有的、本质的和必然的联系。那么，高校思想政治教育规律就是高校思想政治教育在其运动发展过程中客观的、内在的、本质的和必然的联系。尽管规律是客观的，是不以人的意志为转移的，但是人们可以认识规律，并且正确运用规律。如果人们遵循了规律，按客观规律办事，就会收到事半功倍的效果；如果不按规律办事，违背规律，就会受到规律的惩罚。如何遵循和运用高校思想政治教育规律，学界对此进行了比较系统的研究和探讨。本节从有序重组、互补增值、践行探索、连锁感应四个方面探讨高校思想政治教育资源整合的规律。

（一）有序重组规律

1.有序重组规律的基本要求

在实际工作中，有的思想政治教育工作者不清楚思想政治教育资源之间的内在逻辑联系，更不懂得如何根据思想政治教育资源的内在规律来进行有机整合与运用，导致了高校思想政治教育资源的配置、开发、运用不合理，这就是所谓的高校思想政治教育资源整合的无序状态。这种无序的思想政治教育资源状态与高校思想政治教育的目的和要求是相矛盾的。从“耗散结构”和“协同”理论研究视角出发，审视高校思想政治教育资源系统，会发现高校思想政治教育资源系统内各个因素具有互补关系、替代关系和支持关系，并且不断地与外部环境进行着信息、能量和物质的交换，使某些思想政治教育资源的功能得到强化或得到抑制，从而改变这种无序的思想政治教育资源状态，并逐渐形成新的适应高校思想政治教育发展要求的有序结构，使之趋于有序化，使高校思想政治教育资源得到合理的运用，使其功能最大化，这就是高校思想政治教育资源功能发挥的有序重组规律。

简单地说，所谓高校思想政治教育资源的有序重组规律，就是指高校思想政治教育

资源系统总是沿着“无序重组有序”的规律循环往复、演化发展，并逐步形成一个新阶段的适应思想政治教育发展要求的合理有序的高校思想政治教育资源结构，从而发挥出高校思想政治教育资源的最大功能。要理解高校思想政治教育资源的有序重组规律，应把握以下两个要点。

（1）把握有序和无序两个重要范畴。有序是指系统内部的诸要素之间有规则地联系或转化。无序是指系统内部诸要素之间混乱、无规则地组合，且在运动转化上的无规律性。自然界和社会都存在两种有序现象：一种是静态有序，其所形成的结构称为平衡结构；一种是动态有序，其所形成的结构称为非平衡结构。平衡结构是相对静止的、宏观不变的结构，是由微观子系统的规则构成的；非平衡结构是动态的、微观不断变化的结构，微观上每个子系统在不停地变化运动，这种运动构成了宏观上稳定的结构。法国学者埃德加•莫兰（Edgar Morin）为无序的概念中注入了生命的迹象，他认为：“如果说有序使我们可能预见从而可能控制，那么无序则带来面对不可控制、不可预见、不可判定的东西的不确定性所引起的焦虑。”

而“耗散结构理论”和“协同”理论提出没有绝对的有序，也没有绝对的无序，要辩证地看待二者之间的关系。有序是从无序中发展而来，无序能够提高有序的层次和水平。自然社会的发展演化过程，既可以在一定的外部条件和内在机制的影响下，从有序发展到无序，也可以从无序发展到有序。对此，莫兰做了较为详细的阐述。他认为：“一个严格的决定论的宇宙是一个只有有序性的宇宙，在那里没有变化，没有革新，没有创造。而一个只有无序性的宇宙将不能形成任何组织，因此将不能保持新生事物，从而也不适于进化和发展。一个绝对被决定的世界和一个绝对随机的世界都是片面的和残缺的，前者不能进化而后者甚至不能产生。”在此，我们理解了有序和无序这两个概念的内涵和相互关系，就有助于理解高校思想政治教育资源整合有序重组规律。

（2）掌握“重组”和“自组织”的内涵。所谓“重组”即系统的结构和功能被改变之后重新组建，包括“自组织”和“被组织”两个方面。自组织是指系统靠自身的力量而形成稳定有序结构和功能的过程；被组织是系统依靠外部输入的指令或强制形成某种特定有序结构和功能的过程。当然，自组织不是不需要外部的条件，但外部条件只是系统进行自组织的客观因素，并不能对系统的有序结构形成特定的干预。高校思想政治教育资源系统从无序到有序的重组过程，既有思想政治教育资源系统内各因素的自组织作用，也有思想政治教育者的调控作用，它是一个极其复杂的运动变化过程。

2.有序重组规律的实际应用

首先，高校思想政治教育资源的有序重组规律为思想政治教育资源的有机整合提供了理论依据。高校思想政治教育资源有很多种分类，这是由于其存在形态多样化、分布空间广泛化、存在时期不同化，而且思想政治教育资源由各种因素组成，并容易受到内部和外部多种因素的影响和干扰。所以，思想政治教育资源常处于无序的状态，而导致思想政治教育资源的配置不合理，使用率低下。而要改变这种无序状态，就必须根据高校思想政治教育资源有序重组规律的理论依据，使思想政治教育资源按照“无序—重组—有序”的基本规律进行有机整合与运用。因此，应根据高校思想政治教育资源有序重组规律的理论依据，对思想政治教育资源进行有机整合与运用，使资源系统的结构有序重组，功能趋于优化。

其次，高校思想政治教育资源的有序重组规律能够促进思想政治教育效益的最大化。我们要深入分析现有思想政治教育资源系统无序状态的表现和原因，遵循思想政治教育资源的有序重组规律，采取有力措施予以重组，从而实现思想政治教育资源结构的有序化，使高校思想政治教育资源得到合理开发、运用和配置，使其功能得到最大化发挥，产生思想政治教育效益最大化。这是高校思想政治教育资源的有机整合与运用必须遵循其有序重组规律的目的所在。例如：在实际思想政治教育过程中，一些思想政治教育工作者往往重视显性思想政治教育资源，而忽视隐性思想政治教育资源的整合与运用，我们要深入分析显性与隐性思想政治教育资源整合与运用不平衡的原因，针对存在的问题和原因，来制定有机整合的相应举措。

（二）互补增值规律

高校思想政治教育资源互补增值是指在一定社会背景与具体情境下，各种思想政治教育资源之间通过发生各种形式、各种性质、各种程度的互补作用和影响，融合成为实现思想政治教育目标服务的总的力量的活动过程。互补增值是高校思想政治教育资源整合的重要模式，它能促进思想政治教育资源系统结构优化、功能提升和效果增强，实现思想政治教育资源系统内部和外部各种关系的协调。高校思想政治教育资源互补增值模式的构建要处理好现代资源与传统资源、现代资源与未来资源的关系，要注意资源空间、布局的合理性以及资源间的连接性，要做好同一资源的多种功能之间的互补增值和不同资源功能之间的互补增值。

1.互补增值规律的基本内涵

互补增值规律指由于人力资源系统每个个体的多样性、差异性，因此在人力资源整体中具有能力、性格等多方面的互补性，通过互补可以发挥个体优势，并形成整体功能优化。“资源的互补性理论”最早由米尔格罗姆（Paul R.Milgrom）和罗伯茨（John Roberts）提出。该理论认为，一种资源只有在另一种资源的相应配合下才能取得较大效益。互补性理论是用超模函数作为工具来处理互补资源的最优化和敏感度分析，使各类互补资源达到合理匹配，实现功能最优。根据互补增值原理，有差异的个体可以通过取长补短，实现优势互补，从而发挥整体优势，达到组织目标。互补增值原理的内涵是指由于人力资源系统中每个个体的多样性和差异性，因此在人力资源整体中只有实现每个个体的知识、能力、性格、年龄、社会关系等多方面的互补，才能形成整体功能的优化。它包括知识互补、能力互补、性别互补、年龄互补、关系互补等。互补增值原理强调每个人各有所长，也各有所短，通过互补，取他人之长补自己之短，从而使每个人的长处都能够得到充分发挥。通过个体之间取长补短而形成整体优势，使整体的功能大于部分之和，具有增值价值。在一个集体中，每个个体的社会关系实现互补，那么从整体上看，就会形成集体的社会关系整合优势。

互补增值规律是高校思想政治教育资源整合后发挥功能的重要规律，是指两种或两种以上的思想政治教育资源为实现共同的目标而取长补短、优劣势互济、相互协同作用的过程。增值则是指将所有具有长短相济、优势互补的思想政治教育资源集聚在一起，使它们融合为一个总的力量，为实现某一思想政治教育目标服务。高校思想政治教育资源互补增值着重强调思想政治教育资源互补与思想政治教育资源增值二者的相互包含关系。它既不是两个概念的平等并列，也不是两个概念的简单相加，而是蕴藏着更深刻的哲学内涵。前者揭示出思想政治教育资源的联系性，后者代表着思想政治教育资源的运动性。思想政治教育资源互补是以思想政治教育资源增值为目标指向和内容的互补，不是为了互补而互补；而思想政治教育资源增值是建立在思想政治教育资源互补基础之上的增值，不是消耗性的增值。并且，高校思想政治教育资源的增值之于其互补同样具有重大思想框架和整合模式。

高校思想政治教育资源互补增值是指各类资源相互补充，相互作用，从而形成整体优势，实现“1+1>2”的增值效应。恩格斯指出：“许多人协作，许多力量融合为一个总的力量，用马克思的话来说，就是造就新的力量，这种力量和它的一个个力量的总和有本质的差别。”由于高校思想政治教育资源有很多种分类，而且所具有的功能各不相同，因此高校思想政治教育资源整体结构中的功能、形态和特征上具有相互补充的作用，只有充分发挥各个思想政治教育资源的优势因素，抑制其劣势因素，才能优化思想政治教育资源系统的功能。这就是高校思想政治教育资源功能发挥的互补增值规律。“互补增值”并不是把思想政治教育资源简单地相加，而是从哲学视角强调它们之间存在着辩证统一的关系，其根本目的是把各种思想政治教育资源合理搭配，实现其结构、功能、形态和特征等方面的互补作用，从而实现高校思想政治教育资源功能的最大化，实现其增值价值。

在实际工作中，高校思想政治教育资源的互补增值规律的实现有如下几种情况：一是同一种类型的思想政治教育资源内部之间各形态、结构和功能的互补增值。以物质形态思想政治教育资源为例，如课堂上的书本、课件，校园中的建筑、绿化等都属于物质形态的思想政治教育资源，通过共享和交流而“放大”和“增值”。

二是不同类型的高校思想政治教育资源之间的互补增值。高校思想政治教育资源系统是一个有机统一体，不同种类的思想政治教育资源之间并不是孤立的，它们之间存在着有机的联系。我们在进行思想政治教育过程中，可以根据不同的教育目的，选择不同种类的思想政治教育资源，使其结构、形态、功能相互补充，达到互补增值的效果。比如：在对大学生进行爱国主义教育时，我们可以运用真实的思想政治教育资源，去实地参观考察爱国主义教育基地，深情缅怀先烈们献身于共产主义理想的革命精神和艰苦朴素的优良作风；也可以运用文化形态的思想政治教育资源，通过开展爱国主义教育知识竞赛、演讲赛、辩论赛等各种文化活动，来激发大学生的情感共鸣；还可以运用影视、录像等媒体资源，对大学生进行爱国主义教育。这就是不同种类的高校思想政治教育资源之间的互补，其功能会因为合理的配置而“放大”和“增值”。

三是不同区域、单位和部门之间的思想政治教育资源的互补增值。做好高校思想政治教育工作不能靠辅导员单打独斗，要形成思想政治教育资源整合的合力效应。不同区域、单位和部门的思想政治教育资源各有优势和特点，只有通过整合高校思想政治教育资源，实现跨区域、跨单位和跨部门之间的思想政治教育资源共享，才能达到高校思想政治教育资源之间互补增值的真正效果。

2.互补增值规律的实际意义

在高校思想政治教育资源整合与运用的过程中，要遵循思想政治教育资源功能发挥的互补增值规律，把各类思想政治教育资源进行合理搭配，使其结构和功能相互补充，取长补短，充分发挥思想政治教育资源的优势因素，弥补思想政治教育资源的劣势因素，寻求思想政治教育资源之间的最优化组合和配置途径，实现思想政治教育资源的结构优化增值、功能增值、效果增值。从某种意义上讲，互补增值正是基于自身的独特价值而成为高校思想政治教育资源整合的重要模式。思想政治教育资源互补增值的价值问题也就由此而进入思想政治教育研究者的视野。

高校思想政治教育资源是一种相对静态的客观实在，而思想政治教育资源互补增值则是思想政治教育资源的动态表现。由于思想政治教育资源互补增值是“动态”的，所以它是在不断运动与相互作用的过程中实现增值价值。

（1）促进高校思想政治教育资源整合的结构优化。对于该种增值，我们可以这样理解：高校思想政治教育资源系统是由具有紧密互补关系、可以增值运动的要素组成的，因而具有极强的有机性和适应性。一般来说，结构有机性和适应性较强的系统相较于结构有机性和适应性较弱的系统，在具有更大功能的同时也能够使其功能得到更持久的发挥。结构的增值性正是在这一层面上来展现自己的。而思想政治教育资源互补综合的结构增值，就是通过互补增值促进思想政治教育资源系统的结构优化，从而达到系统的有机性和适应性的增强。进而言之，就是将具有互补性功能的各种思想政治教育资源整合为一个有机体，以增强高校思想政治教育资源系统的结构适应性，从而使其结构因为有极大的有机性和适应性而具有更大的价值增长空间。

（2）强化高校思想政治教育资源整合的功能提升。高校思想政治教育资源互补增值的功能增值可以说是其结构增值的逻辑延伸。系统论告诉我们：结构不同，功能则不同，结构是可以优化的。具体到高校思想政治教育资源系统而言，就是构成思想政治教育资源系统的各要素的联结方式不同，思想政治教育资源整体的质量水平、特点与功能就不同。而各种思想政治教育资源如果搭配得当，就会产生很大的增值作用，用马克思的话说，就是“造就新的力量”。互补增值则恰恰是思想政治教育资源合理搭配、思想政治教育资源系统结构优化的有效途径。基于此，高校思想政治教育资源互补增值也就具有了功能增值的意义。

（3）实现高校思想政治教育资源整合的效果增强。高校思想政治教育资源互补增值后会融合为一个总的力量，这个新的整合力更为强大，能够增强思想政治教育的实效性，具体体现在资源利用率的提高、人们思想道德素养的提高以及社会风气环境的优化等方面。这主要是由于思想政治教育资源经过互补综合的有效整合后，其所形成的系统结构和功能都得到了有效的增值，从大学生思想政治工作的实际运行过程来看，思想政治教育资源互补综合所产生的效果增值，在很大程度上与高校思想政治教育资源系统的结构和功能有效增值是分不开的，高校思想政治教育资源互补增值所产生的效果增值在一定程度上可以看作是思想政治教育资源系统的结构和功能都得到有效增值的结果。

3.互补增值规律的价值实现

（1）有助于降低生均成本。思想政治教育教师结构配置合理与否直接影响到生均成本的大小。降低生均成本的关键在于改变过去那种“师”多“生”少的不合理配置状况。要使教师配置达到最佳，应注意个体与群体相协调，形成以学术带头人为中心，扬长避短，各尽所能，协调一致，具有生机的教学科研群体。通过互补增值，优胜劣汰，不断保持教研群体的活力；通过校内的制度改革，裁减多余的行政人员及不能胜任教学任务和教学量不足的教师，分流多余的师资力量，切实改变“生”少“师”多的局面，提高办学效益，降低生均成本。

（2）有助于高校思想政治教育与管理力量的整合。高校思想政治教育管理力量整合的目的在于提高对学生的管理效益，而要提高管理效益，就应结合高校思想政治教育的自身特色。思想政治理论课教师应各具特长，有着不同的专业、知识结构，年龄层次上老、中、青搭配，性格气质上各不相同、互相补充，彼此间沟通通畅、共处融洽。这样就有利于思想政治理论课信息通畅、正能量的发挥。思想政治教育与管理，要尽可能减少不必要的中间层次的办事环节，增加　　协调性，力争使组织间功效互补，相互协作，形成极强的凝聚力，提高高校思想政治教育资源整合的整体效益。

（3）有助于高校思想政治教育教学资源的优势整合。加强和改进高校思想政治教育工作，需要取长补短，择优去劣，建立思想政治教育资源的有效管理体制。要变革传统的思想政治教育工作格局，打破旧的隶属关系和陈旧模式，积极调动各种资源的积极因素，建立增值型的现代高校思想政治教育管理体系，从而实现思想政治教育资源整合的最优化。

二、高校思想政治教育资源整合的原则

马克思主义资源观认为：人民群众是历史的创造者，是社会发展最重要、最根本的资源。高校思想政治教育资源整合，就是要坚持人民群众的主体地位，发挥人民主人翁精神。只有得到广大人民群众的支持，高校思想政治教育才会有取之不尽、用之不竭的资源。高校思想政治教育资源是十分丰富的，但同时也是需要不断开发的。人才资源是

高校思想政治教育的第一资源，也是做好高校思想政治教育工作的根本战略资源；高校思想政治教育资源中的精神资源与物质资源是可以互相转化的；历史发展中的大量资源是可以批判地继承的，即“古为今用”；国外思想政治教育资源是可以批判地借鉴的，即“洋为中用”。还要看到，大众传播媒介也是思想政治教育的重要资源，必须以马克思主义为指导，不断地开发与整合。高校思想政治教育资源整合，就是要以马克思主义资源观为指导，依据高校思想政治教育资源整合的基本目标和实践需要，把实际工作中的不同资源、要素、条件结合为一个有机统一、协调有序的整体，以实现高校思想政治教育资源开发利用的最优化、最大化。

所谓高校思想政治教育资源整合的原则，是指在高校思想政治教育过程中必须遵循的基本准则，它是思想政治教育客观规律在高校思想政治教育中的正确反映，是思想政治教育实践经验的科学总结，是思想政治教育工作者在教育活动中正确处理各种关系、确定教育内容、选择教育方法、增强教育效果、实现教育目的的基本准则。为了全面而准确地认识与把握高校思想政治教育资源整合的原则，一个重要的视角就是把握它的多样化、复杂性，弄清高校思想政治教育资源整合的原则与思想政治教育的规律、原理、方法之间的内在逻辑关系。

高校思想政治教育资源整合必须遵循思想政治教育资源整合的基本原则，遵循高校思想政治教育实践活动的客观规律，保证思想政治教育资源系统的功能整合，保持系统内部的动态平衡。

（一）求实性原则

1.求实性原则是资源整合的首要原则

实事求是，是科学发展的根本保证，是辩证唯物主义和历史唯物主义一以贯之的科学精神，是我们党的思想路线的核心内容，也是党的优良传统和共产党人应该具备的优良品质。大力弘扬实事求是精神，大兴求真务实之风，为我们牢固树立和落实科学发展观明确了着力点，提供了保证。求实性原则的主旨要义就是“实事求是”“求真务实”。1941 年 5 月 19 日，毛泽东在延安干部会议上作《改造我们的学习》报告，对实事求是这个中国传统哲学命题作了全新的诠释。他说：“‘实事’就是客观存在着的一切事物，‘是’就是客观事物的内部联系，即规律性，‘求’就是我们去研究。”实事求是是毛泽东用中国化的语言对马克思主义精髓的通俗表达。解放思想、实事求是、与时俱进、求真务实是马克思主义科学世界观和科学方法论的思想基础，是我们观察问题、分析问题、解决问题的出发点和立足点，是中国特色社会主义理论体系的精髓和灵魂，也是我们党特有的政治优势。任何事物的观察与处理都要涉及认识路线、思想路线的问题，高校思想政治教育也不例外。探索如何在高校思想政治教育资源整合中坚持实事求是思想，用世界眼光在高校思想政治教育中坚持实事求是，这对于继承民族优秀文化传统，提升实事求是思想在高校思想政治教育过程中的实效性，促进高校思想政治教育的发展具有十分重要的现实意义。

在高校思想政治教育资源整合中坚持实事求是原则，就是一切从大学生成长成才发展的实际出发，理论联系实际，因地制宜、因人制宜、因事制宜、因时制宜地开展高校思想政治教育工作，增强思想政治教育的针对性和有效性。具体来说，一是教育内容要实事求是。要紧密结合社会发展和时代变化，联系改革开放和发展社会主义市场经济的大背景，联系高校改革发展实际，联系大学生思想实际，讲真相，说真话，引导受教育者确立科学理想信念，端正思想认识。二是教育形式要实事求是。要对症下药、有的放矢，根据不同的对象，采取灵活多样的教育方式和手段，有针对性地进行高校思想政治教育。

2.求实性思维是资源整合的先导

践行求实性原则首先要有求实性思维。马克思主义哲学要求我们认识事物的时候，要尽量避免先入之见，要避免带着主观的好恶和感情色彩来看待事物，要尽量认识事物的本来面目。因此，高校教育工作者必须使自己的思维活动建立在客观实际的基础上，把求实性思维作为思维活动的基石，在思想政治教育活动中一以贯之。

所谓求实，即求实际情况、实际效果，是讲究效益、保障实效、切实解决问题，它与“假、大、空”相对立。求实性，也可以说是唯实性，即一切从实际出发，从本国国情出发去思考问题和事情，而不能“唯书”“唯上”。求实性思维就是坚持一切从实际出发，实事求是，理论联系实际。根据客观实际情况，能动地认识、探索事物发展的规律，达到遵循规律、利用规律和驾驭规律的目的。可见，求实性思维方式是以反对唯心主义为任务，以寻找解决问题的立足点为目标的。求实性思维是一种客观性思维或理性思维，是一种符合客观的科学思维。求实性思维的本质是坚持实事求是。

高校坚持求实性原则，就是要立足于高校客观实际，以“实事求是”为基准，以调查研究得来的论断为依据，把握高校思想政治教育各要素之间以及内部要素与外部要素之间的关系，并从中得出进行高校思想政治教育共同的规律性认识，再指导高校思想政治教育资源整合的实践，以达到有效提高思想政治教育资源整合的针对性和实效性的发展目标。因此，在高校思想政治教育资源整合中，要以求实性思维为先导，公正客观地服务于社会主义意识形态建设的实践。在这个实践的过程中，“求实性”原则就是高校思想政治教育必须遵循的理论原则、思想准则和行为准则。

3.在整合中践行求实性原则

当今世界，世界多极化和经济全球化不断发展，以信息科学和生命科学为代表的现代科学技术突飞猛进。世界经济的竞争与合作、政治的分化与重组，千姿百态，纷繁复杂，当今中国进入了一个崭新的发展阶段。在这种情况下，我们更要坚持实事求是不动摇，勇于和善于把握客观情况的变化，勇于探索、勇于实践，根据实践的要求大胆进行理论创新，自觉把思想认识从那些不合适的观念、做法和体制的束缚中解放出来，从对马克思主义的错误和教条式的理解中解放出来，从主观主义和形而上学的桎梏中解放出来，不断调整我们的思想认识和方针政策，使我们的思想和行动更加符合实际，更加符合社会主义初级阶段的国情和时代发展的要求，从而更好地推进中国特色社会主义建设。

资源是在人类社会和自然界中人们可以用来改造世界的一切有量的积累的事物。思想政治教育资源则是社会中能被纳入思想政治教育活动中来，并有利于实现思想政治教育既定目标的各种因素的总和。就高校思想政治教育资源整合而言，首先，要客观评价各种类型资源开发、整合的功效，既不能任意夸大，也不能随意缩小。每种思想政治教育资源都有其特定的教育意义，都有其特殊的功效，关键在于如何运用它。其次，要根据高校思想政治教育实际工作的需要，来确立所采用的思想政治教育资源及其整合方式、配置方式。目前，高校思想政治教育资源运作所体现的特点，表现出高校思想政治教育信息资源的陈旧与滞后，已经无法满足大学生日益多样化的需求，逐渐走向了“知识闲置”和“知识搁浅”。发生这一状况的主要原因是高校思想政治理论课的教学内容、实践方式存在着与社会发展的要求不相适应的情况，在一定程度上造成了思想政治教育资源的浪费。这不仅仅表现在家庭教育与学校教育的失衡，也表现在思想政治教育工作者和非思想政治工作者之间的认识差异和行为方式的不同。因此，要与时俱进，不断增强高校思想政治教育的“求实性”原则，努力改进高校思想政治教育的内容、形式，拓展新的研究方向，坚持一切为了大学生健康成长成才的根本目标不动摇。

4.在不断创新中贯穿求实性

在现实生活和工作中，不能片面地理解实事求是与开拓创新的关系，将二者对立起来，或者一讲实事求是，就忽视了开拓创新，或者一说开拓创新，就忘记了实事求是。我们所倡导的开拓创新，不是不顾条件蛮干，也不是脱离实际的异想天开，更不是只图虚名、不务实效的形式主义。真正的开拓创新，是在科学理论的指导下，在遵循客观规律的基础上，不满足于已有的成绩，不自缚于陈旧的框框，不拘泥于过去的经验，解放思想、大胆探索，努力地将工作提高到一个新的层次，把事业推向一个新的水平，使思想进入一个新的境界。

在新的历史条件下，高校思想政治教育资源整合以社会信息化为依托，在资源整合中创新运用现代先进信息技术，不断解放思想、实事求是、与时俱进、开拓创新、更新理念、整合资源，才能实现较完整意义上的全面的高校思想政治教育资源整合工作的信息化、现代化和资源共享。社会经济发展状况不同，所出现的社会问题也不同，应该针对当前症结所在，去整合急需的资源，以满足高校思想政治教育活动对思想政治教育资源整合的需求。比如，针对当前社会转型时期出现的大学生的迷茫、躁动等问题，急需组合在改革开放过程中涌现出来的新资源，稳定人心，凝聚人心。

坚持求实性不仅要求从思想政治教育理论研究中创新，也要从思想政治教育实践中创新。坚持马克思主义与时俱进的理论品质，要求我们不断探索高校思想政治教育资源整合发展的新情况、新问题，创新高校思想政治教育资源整合的新成果。创新是一个民族的灵魂，是一个国家兴旺发达的不竭动力。高校思想政治教育资源整合的基础决定了思想政治教育资源整合创新的根基。打好了高校思想政治教育资源整合创新的基础，才能在此基础上开始社会科学、人文科学等多领域的创新，也才能将创新的理论成果应用于社会主义现代化建设的伟大实践中。在这个过程中所产生的科技成果、社会科学研究理论成果都将成为推动社会前进的动力。

（二）系统性原则

1.系统性原则的内涵

“系统”一词，最早出现在希腊语中。在希腊文中“systema”就是部分构成整体的意思。系统可以看成是各元素间的关系网络，即使各元素间被取代，它们之间的关系网络依然保持不变。根据系统论原理，高校思想政治教育资源整合是一项系统工程，在教育中最忌讳的是各种教育因素的无系统性、不协调性，这种不系统、不协调往往导致各种教育影响的相互冲突，使教育效果被抵消、复归于零，甚至使被教育者产生思想混乱，导致负效应。因此，在高校思想政治教育资源整合开发过程中，要协调各种教育因素，使各种社会资源密切结合，使系统中的每一个要素都能充分发挥作用，这样才能达到资源整合开发的目的，产生“1+1>2”的合力效应，形成一种实际的教育效果。唯物辩证法把世界看成是相互联系的有机整体，要求用整体性观点来观察事物。从系统的角度，研究高校思想政治教育资源整合，就是要从整体的高度，把握高校思想政治教育复杂多元的各种资源，揭示资源间的内在联系，运用系统的结构功能理论来优化高校思想政治教育资源的利用，推进高校思想政治教育工作的发展。

所谓系统性原则是指在开展资源整合时，要注意全面综合考虑，使各个组成部分和要素相互关联、相互作用和相互依赖，成为具有特定服务功能的有机整体。所谓资源整合的系统性，就是要把本来分散的资源有所取舍，通过有序配置，体现出为实现目标所用的整体效果。整合的系统性要求把各种分离的资源纳入围绕目标而形成的一个整体来考虑，注重各项资源、方法之间的有机联系。在整合过程中，有四个问题需要注意：其一，虽然进行了整合，但只是局部的整合，没有整体的整合，各部分之间各归各，不相协调；其二，整合过程中，对材料的筛选出现盲目性，使融入整合的许多资源都不能体现出资源的有效价值，资源整合不经济；其三，因为缺少了必须具有的资源项目，整合不够完整；其四，最主要的一点，整合偏离了发展的目标方向，或离目标太远，达不到资源整合的实际效果。

2.坚持系统性原则的意义

目前，高校思想政治教育中存在资源浪费、闲置、资源利用不足等问题，主要原因是高校思想政治教育资源的理论研究落后于高校思想政治教育的实践发展。高校思想政治教育资源系统性研究就是要运用系统性“结构—功能”理论，剖析高校思想政治教育资源间的内在联系、相互作用的过程，以求达到最大限度发挥高校思想政治教育资源功能的目的，为培养大学生全面成长成才服务。高校思想政治教育资源整合的系统性表现如下：其一，重视高校思想政治教育资源的统筹兼顾，各资源、各方法之间是多元的有机联系，而不是彼此分割的，注重思维的整体性和连贯性。其二，强调资源整合的有序性，避免出现错序和倒序，重视各资源、各方法之间的横向有序和纵向有序，并根据目标实施的轻重缓急，予以有序调度，达到整合的效果。例如，某一网络用户在检索高校思想政治教育学科的相关资料时，总希望以较少的检索次数就能检索到尽可能多的相关信息。因此，在整合网络信息资源时，应考虑到用户的这一要求，收集、整合的信息要尽可能系统、全面，并注重连续性和完整性，将不同类型的信息资源整合为一个有机的科学有序的整体，确保信息能够准确地反映所属学科或主题的内容，以便用户检索时获得较高的查准率。

3.在实践中切实增强整合系统性

高校思想政治教育资源是一个由若干个相互联系、相互依赖的子系统构成的、具有特定结构和功能并从属于更大系统（环境）的有机整体。高校思想政治教育资源的整合是一项复杂的系统工程，它既要求实现高校思想政治教育资源各子系统自身的动态平衡，又要求各子系统之间彼此释放的功能能互相契合，建立良性互馈机制。有系统地整合高校思想政治教育资源，不仅需要对其进行外部的整合，更需要从其自身的内在联系考虑。依照高校思想政治教育资源之间的内在联系，遵从其内在规律对其进行整合、分配，以便提高资源的利用率。

首先，有的放矢地实施资源整合，使高校思想政治教育资源系统每个要素的功能都实现最大化。现实生活中各种具体的思想政治教育资源形态都具有各自不同的社会属性、具体功能和发展前景。因此，在对高校思想政治教育资源进行整合时，要充分了解构成高校思想政治教育资源系统的要素有哪些，其具体特性如何，只有对各子系统有了充分的认识，才能达到整合效益的最大化。并且，高校思想政治教育资源间是有其内在联系的，按照系统论的原则对其进行分析，揭示资源间的联系、相互作用的关系，有助于对高校思想政治教育资源进行科学、合理的分配，最大限度地发挥其教育功能。目前，高校思想政治教育工作硬件设施的配置已经达到一定水平，互联网的广泛应用也使高校间的资源共享更加便捷，但是现实中仍存在某些思想政治教育资源闲置，而某些资源却被单一地重复使用的现象，以致在高校思想政治教育实践中出现受教育者的反感情绪和逆反心理。只有合理整合资源、配置资源，才能最大限度发挥资源的作用，达到使高校思想政治教育资源整合效用最大化的目的。

其次，通过合理整合实现高校思想政治教育资源各子系统之间的结构优化。高校思想政治教育资源子系统之间的结构是否合理，各子系统之间彼此释放的功能能否互相契合，对于思想政治教育资源功能的充分发挥具有重要影响。在高校思想政治教育资源整合过程中，要根据各子系统之间的相互联系、相互利用的关系及方式，将各子系统进行合理整合，使各子系统能够形成合力，形成一种科学、合理的内在结构，从而使高校思想政治教育资源的整体功能得以充分发挥。

最后，作为高校思想政治教育资源的深度整合主体，高校应强化相关职能部门及教育组织的整合职能，通过集中化、结构化、专业化和权威化的实体组织形态和方式，确保思想政治教育资源整合工作有效启动和顺利实施。还可以通过动用国家机器的力量和权威，激发全体思想政治教育资源整合主体的积极性和责任意识，认真探测思想政治教育资源的储存量，顺畅思想政治教育资源整合通道，健全思想政治教育资源整合组织，充分利用和创造整合条件和手段，顺利推进高校思想政治教育资源的深度整合。

（三）动态性原则

世界上的一切物质都处于发展变化之中，作为高校思想政治教育资源的整合也同样如此。历史不断向前发展，实践也在不断变化，高校思想政治教育的各种新思想、新观念、新资源陆续涌现，必然要求思想政治教育资源的内容与时俱进，思想政治教育资源的整合不断创新。在新时期，要将散布于各个时期、蕴藏于各种载体的思想政治教育资源充分挖掘、整合、配置，以形成强大的教育合力。

1.动态性原则的内涵

唯物辩证法认为，世界万物都处在不断地运动和变化之中，这种运动变化是永远不会停止的。它要求我们必须采取变化的眼光看问题，这就是辩证的态度、发展的眼光。动态性原则是指整个整合系统能够适应事物的动态变化和随机改变的状况。高校思想政治教育资源动态性的系统应该是个开放的大系统，能够把各种类型的资源、数据等整合到一个大系统中，能够及时增加动态变化的数据。

近年来，一些学者在研究中提出“动态资源观”的说法。“动态资源观”旨在通过组织内部对环境的动态响应，更新资源体系，保持持续竞争优势，同时这种动态资源观也强调了组织对环境的能动作用，改变环境甚至创造环境。在高校思想政治教育资源整合的过程中，必须坚持动态性的原则，以动态的、发展的观点看待资源所处的内外环境和资源本身，及时根据客观情况的变化调整高校思想政治教育资源整合的方式和方法。这不仅是思想政治教育辩证性的要求，也是其动态性、有机性的体现。要大力发挥思想政治理论课在高校思想政治教育中的主渠道、主阵地作用。高校思想政治理论课教师要与时俱进、加强学习，不断提高自己的思想政治素质和业务素养，使进行优化配置后的思想政治教育资源富有时代气息，体现时代走向和时代精神。同时，在高校思想政治教育中注入动态的创新精神，转变教育观念，革新教育模式，指导受教育者学会判断、学会选择、学会创造，使思想政治教育成为开放性的、激发人的自主创造潜能的发展性教育。

2.动态模式下整合战略及战略转换的时效性

高校思想政治教育环境的动态性使得资源整合战略不能“一劳永逸”。资源整合战略的时效性表现在战略的基础资源价值是否具有时限问题，假如在某一时段内不进行及时的利用和开发，资源就会失去其存在价值。这便对整合组织的战略转换提出了要求。

过早或过迟进行高校思想政治教育的资源整合，都会使整合战略失去竞争时效性，从而错过最佳转换时机。因此，成功的动态资源整合要始终关注资源动态模式下整合战略及战略转换的时效性。

3.动静结合、知行统一

当今世界，经济全球化趋势愈益加深，只有致力于推进世界思想政治教育资源供应体系和需求市场的共同开放，不同思想政治教育资源才能借助于不断扩大的开放性发挥互补效应。必须以互动的、开放的眼界，放眼整个人类资源市场。具体而言，就是要加强区域之间的思想政治教育资源合作开发，实现合理开发，有效使用，学会利用主流文化和亚文化两个资源市场。所以，一方面，既要引进来又要走出去，通过利用国外国内两个市场、两种资源，为高校思想政治教育服务；另一方面，既要大力加强以社会主义核心价值体系为代表的主流文化资源的优化整合，又要重视与大学生生活密切相关的亚文化资源的优化与配置。

实施动态性原则还体现在要将理论运用于实践中，真正做到“知行统一”。即便有丰富的高校思想政治教育资源库，但理论如果不运用于实践，不接受实践的检验，也是空谈。因此，社会实践方法是增强高校思想政治教育实效性的重要方法之一。社会实践则是综合培养大学生知、情、意、行的重要平台和实现载体，是使大学生的道德认知转化为道德行为的媒介，如果没有社会实践，没有将所学的道德理论知识转化为道德实践能力的场所，高校思想政治教育就只能是纸上谈兵，是缺乏实践支撑的空洞理论说教。

第三节 高校思想政治教育资源的整合

高校思想政治教育资源包括人力资源、社会资源、时间资源与信息资源等。

一、人力资源与社会资源的整合

（一）人力资源的整合

人力资源是贯穿高校思想政治教育始终的、不可或缺的、唯一的活资源，人力资源的实际整合状况直接关系到甚至是决定着高校思想政治教育的质量问题。人力资源管理要求一个组织通过不断地获得和提升人力资源，认识并开发他们的各种潜能，保持并激发他们对组织的忠诚和贡献，共同为组织目标服务。近年来，随着“以人为本”经营理念的普及，人力资源管理越来越受到各级管理人员的重视。因此，高校必须高度重视对人力资源的有效整合，准确认识当前在人力资源整合中存在的主要问题，科学把握人力资源的整合途径。

1.整合中存在的主要问题

高校思想政治教育中一个不可回避的现实问题，是以辅导员为主体的有限教育资源相对于高等教育大众化阶段产出庞大的受教育群体之间比例的严重失调，教育资源相对于受教育群体而言显得捉襟见肘，这也是目前高校思想政治教育常处于“水中月”“雾中花”之尴尬境地的原因之一。从理论上讲，高校所有的教职员工都具有育人之责，但由于没有明确相关的权利与义务，因此包括思想政治理论课教师在内的大部分高校教职员工基本上都游离在高校思想政治教育系统之外，高校思想政治教育的工作重担基本上都压在了辅导员身上。一名辅导员往往要负责上百名大学生的思想政治教育工作，同时还要在各种会议和活动场所中奔忙，而他们作为刚刚踏入工作岗位的“新人”，本身又面临着结婚、育儿等人生大事与琐事，很难再期望他们腾挪出更多的精力和时间干好超出人体极限的非常态式的工作。面对这种第一线育人资源的短缺，大多数高校思想政治教育工作不可能细致深入和扎实有效地开展，所谓的思想政治教育只好徘徊在程式化、表面化的粗放型阶段。因此，有必要探寻和挖掘新的可供补充的育人资源，把高校里那些隐性的分散的育人资源真正整合融汇到高校思想政治教育体系内，以缓解当前高校育人资源短缺的窘况。

高校对思想政治教育资源的重视首先就体现在对人力资源的重视上，例如，许多高校不惜代价引进高学历高职称的思想政治理论课教师，积极鼓励在职教师攻读硕士、博士学位，不断壮大思想政治教育教师队伍等，在这些方面高校花费了不少的时间精力、人力、物力、财力，也取得了不少的成绩。但综观整体，高校在对思想政治教育主体资源的整合中仍然存在着不少的问题，主要有以下五个方面。

第一，思想政治教育工作者素质参差不齐，专业化程度较低。虽然在一线从事辅导员工作的青年教师大都具有硕士或本科学历，但由于缺少实际工作经验，尤其是不少辅导员在专业上并非思想政治教育科班出身，应聘这一岗位纯粹是为了找工作。因而目前高校思想政治教育辅导员所学专业可谓“五花八门”，在从事学生思想政治教育中就暴露出工作不专业、不到位的问题。

第二，专业课教师对高校思想政治教育思想上不重视，行为上不参与。不少专业课教师认为，学生思想政治教育是辅导员的事，是学校宣传思想政治工作部门的事，与自己无关。有的即使承担了某些学生思想政治教育相关工作，也是短期行为，不少教师是被动应付，不能长期投入。

第三，大学生人力资源没有得到充分利用。高校思想政治教育最直接的对象和受益者是学生本人，但在高校学生思想政治教育中不少辅导员和班主任仍有包办现象，对学生参与学生教育管理工作总是不放心，让学生主体游离在高校思想政治教育之外。

第四，大学生家庭人力资源被忽视。一方面，从学校角度看，认为学生家长远离学生，靠学生家长做工作是远水解不了近渴，没有重视家庭教育人力资源的开发与利用；另一方面，从家庭角度看，不少家长认为，学生进了大学门，其教育就是大学的事，因而对孩子的教育不再像小学、中学阶段那样关注和重视，主动关心学生思政教育的家长少之又少。

第五，各类人力资源之间缺乏沟通。人们谈论高校思想政治教育时，总是说起来重要，事关国家现代化建设的后备军和接班人，但在做大学生思想政治工作时，不少主体忙于自己的工作事务，难以形成思想政治教育资源整合的优势，难以发挥各类思想政治教育群体应有的作用。

为此，高校应更新观念，树立人力资源的整体观，全面加强对各类人力资源的整合，并建立健全人力资源的联系制度以加强相互间的沟通与协作，从而形成强大的教育合力。

2.人力资源整合的途径

高校作为人才培养的高地，拥有众多的育人资源。可惜由于种种主客观原因，有些资源没有被挖掘与认可而处于隐性或沉没状态，或者有些资源没有被激活与配置而处于闲置与浪费状态。由此最终导致拥有众多育人资源的高校却面临着育人资源短缺的尴尬境地，只能依靠以少量的辅导员为主体的专职思想政治教育工作者队伍“孤军奋战”，制约了高校思想政治教育工作实效性的提升。有鉴于此，有必要对高校育人资源加以挖掘和识别，使其容纳到高校思想政治教育的整个系统之中，实现思想政治教育系统资源的完美组合与及时“修缮”。

（1）整合利用校内人力资源，增强育人合力

大学生日常思想政治教育工作者要实现优势互补，使各类教育力量形成整体合力，将教育资源进行优化配置，以实现教育力量的整合。对教育主体而言，专职学生工作队伍是中坚力量，兼职学生工作队伍是基础力量，大学生党员、学生干部是骨干力量。大学生日常思想政治教育整体合力的形成，对社会而言，要实现社会教育、学校教育与家庭教育的有机结合；对高校而言，要形成教书育人、管理育人和服务育人的协调整合，既要积极发挥现有日常资源的教育作用，又要全方位、多角度地发掘潜在的教育资源，特别是教学课程资源、社会舆论资源以及社会实践资源的功能，使大学生日常思想政治教育更具实效性。

①重视整合高校思想政治教育专兼职辅导员队伍

我们在强化辅导员队伍的功效时，也要整合和优化辅导员队伍的内部资源配置，比如，要明确思想政治理论课教师具体的育人任务，改变其育人教育中“说”与“做”分离之态；要分离不属于辅导员范围之内的琐碎之事，还原其育人的原生态本位。同时，也可以尝试辅导员的分类制度，使其或偏重心理分析式育人，或偏重思想教育式育人，或偏重具体事务管理式育人。总之，要使学生工作队伍各归其类，各有倚重，以提高效率，达到事半功倍的效果。

②重视整合高校思想政治教育教师队伍

要增强育人合力，就要使所有教职员工都重视自己的职责，做到全员育人。高校的专业教师、行政管理工作者和离退休人员这支分散的育人队伍，需要重点进行整合和配置，使其真正融入高校思想政治教育系统中，并有所作为，以缓解专职学生思想政治教育工作者队伍“人力”严重不足的现状。首先，应真正转变观念，认识到这支庞大的隐性队伍是专职思想政治教育队伍之外的重要育人资源。其次，应依据这部分资源的不同

属性客观理性地配置到大学生群体之中，切实落实高校思想政治教育导师制。其他专业教师与行政工作者也要依据相关标准担负一定比例的学生工作事务。离退休教师作为智慧的长者可以进行返聘，使其具体地负责有关高校思想政治教育的一些具体事宜，协助辅导员开展工作，更好地发挥关心下一代的政治作用。再次，应鼓励一些专业教师、行政管理工作者和离退休人员利用个人博客、微信、QQ 空间等网络方式传扬爱与美的真谛，营造网络思想政治教育阵地中个性化的精神寓所，延伸其思想政治工作的时空维度。

总之，全体教职工都有责任为大学生树立良好的榜样，使学生们随时随地能受到感染和教育。只有通过整合各方面力量，增强育人合力才能形成教书育人、管理育人、服务育人的综合育人环境，从而达到切实加强高校思想政治教育的目的。

③重视整合实现自我教育的大学生人力资源

从思想政治教育过程来说，大学生不仅是教育活动的客体，而且从某种意义上讲也是教育活动的主体、自我教育的主体，具有主观能动性，不仅能完成自身从知到行的转化，而且可反作用于教育者。思想政治教育要取得实效，既要加大教育引导的力度，又要激发受教育者的内在动力。这种内在动力的激发，既要依靠教育者的教育引导，更要依靠学生的自我教育。作为一种特殊的教育形式，大学生自我教育意味着大学生在日常思想政治教育过程中，既把自己作为意识和意志的对象，又把自己作为教育和改造的对象；充分体现了大学生通过思想政治教育不断提高自身思想政治素质的自觉性，反映了思想政治教育过程中自我意识的觉醒，标志着思想政治教育进入了高度自觉的阶段，是思想政治教育的最高境界和最高形式。

高校应努力唤醒大学生的主体意识，激活大学生的个体能量，不断凸显大学生自我教育、相互教育在高校思想政治教育中的作用。以下三类大学生主体资源需特别重视：一是优秀学生和大学生党员。优秀学生和大学生党员是大学生群体中素质最高、能力最强、各方面表现都最突出的人，在大学生中有较高的威信，能起到模范带头作用。高校应特别加强对他们的培养，应建立相关的优秀学生和优秀党员表彰制度，通过典型示范精神鼓舞激发他们的主体意识，促使他们用自己的优秀言行去影响、感召、带动其他同学。二是学生会与班委会。这两会是大学生实现自我教育、自我管理、自我服务的重要学生组织，也是联系学校教师与学生之间的重要桥梁和纽带。三是各种大学生社团。大学生社团具有丰富学生文化生活、引领时代潮流、增长学生见识、增进师生感情的重要作用。

④充分发挥高校“三育人”作用，推进全程、全员、全方位育人

把高校中各类不同来源、不同层次、不同内容的人力资源进行有效整合，形成合力，从而真正做到“全体教职工教书育人、管理育人、服务育人”。如果高校能够探索建立起校内育人资源与家长以及社会等校外育人资源的配置与融合，将有助于形成全社会都关心大学生健康成长，支持高校思想政治教育工作的氛围，切实提升高校思想政治教育的品质与实效。

（2）整合社会各界资源，发挥育人功效

学校要把社会和各个子系统中的思想政治教育人力资源优化整合，形成多个辐射源。整合社会各界教育资源，建立高校思想政治教育中心和若干区域中心。建立校外思想政治教育基地、社会实践基地，聘请各界成功人士、知名校友担任客座教授、素质导师等。在与学校相关的各类社会人力资源中，尤其重要的是校友资源。

校友是在学校一起学习、进修、工作、生活过的各层次、各类别的学生，以及在学校工作过的教授、兼职教授和教职员工等人员。校友资源是校友自身作为人才资源的价值，以及校友所拥有的财力、物力、信息、文化和社会影响力等资源的总和。校友资源涉及高校发展的方方面面，例如社会关系、形象代言、资金支持、信息来源、就业保障……对一所学校的发展至关重要。校友资源是一支潜在的、不可或缺的社会力量，发挥着思想政治的引领作用、道德教育的示范作用、心理健康的调适作用、就业指导的桥梁作用。从人力资源的角度来看，校友也是一种有利于提升学校社会名望、开展校企合作、帮助学生就业、提升凝聚力和校园文化氛围的有效人力资源。

高校以校友会为主体的社会成功人士这支隐性、游离的育人队伍，同样需要我们去挖掘和整合，使其较好地发挥正面教育的育人功效，来增添高校思想政治教育的生动性与柔和性。同时，校友资源是一所高校巨大的、不断再生的无形资产，尤其是校友的德育资源、智力资源，具有无比的感召作用。例如，南京邮电大学校友会在国内高校中率先开通校友微博，获得了校友们的广泛关注，在短短一个月内，粉丝数量就达到了数百万；东南大学率先开通校友“微信”、中国银联在线捐赠，每当有校友遇到重大困难时，同学们在微信群中反映一下，总会有很多人伸出援手，“一方有难、八方支援”，这种方便快捷的校友互动方式，使身在异国他乡的校友们也感到人间温暖，不忘母校这个大家庭。校友资源对高校人才培养的意义非同一般，高校与校友的关系不能仅停留在物质支持的层次，它更是一种可以提升学校的社会声望、开展校企合作、科研开发、促进学生就业、营造有内涵和凝聚力的校园文化的重要人力资源。

（二）社会资源的整合

高校思想政治教育的社会资源，是指在全社会范围内一切有利于进行思想政治教育并为其提供服务的可被开发、利用的诸多要素的总和。社会生活的方方面面都是思想政治教育的载体，除了在学校的各门课程教学、各项教育、管理和服务活动中要贯穿思想政治教育内容以外，在人际交往、互联网、城镇化和新农村建设、企业文化建设等方面都可以传输思想政治教育的信息，充分挖掘利用社会大系统中与高校思想政治教育密切相关的思想政治教育资源，是实现高校思想政治教育社会化的有效途径。

1.整合社会资源的意义

高校教育资源的发展是开放的，不仅需要调动学校内部的力量，也需要依靠学校外部的力量。通过借力发展和开放式办学，可以实现学校与社会的资源共享，优势互补，将社会力量转化为自身的办学优势，保证学校德育可持续发展。同理，加强和改进高校思想政治教育，不仅需要调动高校内部的力量，也需要依靠和吸收学校外部的力量。

利用和吸收社会资源促进高校思想政治教育，是高校思想政治教育需求不断增长和社会资源谋求增值的契合点。一方面，高校思想政治教育单靠高校自身力量和条件，难以形成最佳教育效果；另一方面，一些社会资源往往存在或限制，或空耗，或贬值等状态，自身存在有待提高利用率和进一步发挥效益的内在要求。利用社会资源促进高校思想政治教育，是对教育事业公益性的诠释。高校思想政治教育在给受教育者带来收益的同时，通过受教育者使其他社会成员同时受益，这是教育公益性的应有之义。利用社会资源可以提高办学质量和教育品质，增加教育选择，优化教育环境。此外，把各方面的积极性、主动性充分调动起来，把社会各方面的力量动员起来，把社会各方面的资源整合起来，吸收校外的多方力量参与高校思想政治教育，使它们充分发挥作用，密切配合，以形成加强和改进高校思想政治教育工作的强大合力。

社会是一个不断进步发展的大系统，思想政治教育资源也是纷繁多样的。因此，我们不仅要挖掘和利用高校思想政治教育校内资源，还要重视在全社会范围内优化整合、合理配置高校思想政治教育校外资源。传统的教育资源仍是主要的、基础性的资源。党政机关、各级各类党政领导为骨干的专职思想政治工作者、大中小学课堂，以其独有的优势成为进行思想政治教育的主渠道和主阵地，担负着提高全民思想政治素质的重任。应充分整合这些主要的基础性资源并不断创新，扩大高校思想政治教育资源的重要力量。被挖掘的新的教育资源是增强思想政治教育实效性的新的增长点，具有宝贵的资源整合价值。传统教育资源与新资源各有特点和优势，要加大分析研究和拓展传统教育资源与新资源的深度、广度、力度，实现优势互补。不断培育思想政治教育资源的源头活水，使其在高校思想政治教育中发挥应有的作用。高校思想政治教育不是哪个人、哪个单位、哪个部门的事，而是我们党和国家培养合格建设者、可靠接班人共同的事。

2.社会资源的整合途径

我们要加强家庭、学校、社会等思想政治教育资源的整合作用，提高其运用的有效性与科学性。在思想政治教育工作实践中，要创新教育理念，精心规划和设计结构合理、相互衔接、功能互补、相互促进的全方位协调配合的社会思想政治教育资源体系。要整合社会各界的教育资源，建立高校思想政治教育中心和若干区域中心。研究制定推动全社会思想政治工作资源，挖掘和整合系列政策或条例，建立和加强高校思想政治教育资源整合的长效机制，促进资源整合和高校思想政治教育的科学化、制度化和规范化。

（1）拓展高校思想政治教育社会资源整合的途径和载体

第一，创新改进思想政治教育手段，广泛整合党政部门、科研院所、大型企业等社会教育资源，构建高校、社会和家庭的合力机制，使社会各个方面充分发挥各自优势，承担具体责任，共同支持高校思想政治教育工作。

第二，善于运用现代传播工具与手段并创新工作方法，注重整合现代通信手段和视听技术，通过大学生喜闻乐见的活动方式来开展思想政治教育。在社会上寻求更多、更好的教育资源，积极寻求把社会资源与校内资源结合起来的有效途径，探索新型的、开放型的高校思想政治教育工作模式。

第三，构建高校思想政治教育网络平台，建立多渠道、立体化信息收集、反馈的网络体系和预警系统，积极开展以网络为载体的教育活动，吸引大学生网民参与，形成高校思想政治教育资源整合工作网上网下、及时有效的联动。

第四，统筹规划，形成多个相互交叉的高校思想政治教育资源辐射源，把社会和各个子系统中的思想政治教育资源优化整合。例如，以学校资源为中心，整合校外图书馆、博物馆、音乐馆等文化设施，提升校园文化，并将形成的这些高校思想政治教育资源整合辐射源交相辉映，良性互动，从而带动整个社会环境的改善。

（2）加强家庭思想政治教育资源的整合

家庭是大学生人生的第一课堂，家庭教育有奠基性、感染性、针对性、社会性等特点。中共中央、国务院《关于进一步加强和改进大学生思想政治教育的意见》中也明确指出："学校要探索建立与大学生家庭联系沟通的机制，相互配合对学生进行思想政治教育。"应逐步建立学校与大学生家庭联系沟通的有效机制，定期交流反馈信息，形成学校家庭互动、全社会关心支持的育人氛围。这充分体现了整合家庭资源在思想政治教育资源整合中的重要作用。因此，要整合和利用好家庭思想政治教育资源，充分发挥好家庭对大学生的思想政治教育功能。在现代技术信息条件下，可以通过电话、网络、座谈会、家长学校或家庭教育讲座等联系方式的现代化、多样化来加强学校与家长的沟通，用好的家庭、好的事例、好的行为教育和影响在校大学生，增强高校思想政治教育的吸引力、感染力。

（3）加强全社会思想政治教育资源的整合

第一，拓宽工作思路。传统的资源与社会新的资源各有特点、优势，要在调查研究的基础上整合，实现优势互补。同时，要注意将各个单向的高校思想政治教育资源联合起来，实现资源共享，使之形成教育合力。还应充分整合主要的基础性资源并不断推进资源整合创新，如党政机关、学校课堂以其独有的优势成为进行思想政治教育的主渠道和主阵地，在整合社会思想政治教育资源的过程中，要充分利用并不断创新。

第二，构建新的资源体系。创新教育理念，精心规划和设计结构合理、相互衔接、功能互补、相互促进的全方位协调配合的社会思想政治教育资源体系。这就需要整合社会各界教育资源，建立校外思想政治教育基地、社会实践基地，聘请各界成功人士，知名校友担任客座教授、讲座教授、素质导师等。努力探索和拓展高校思想政治教育社会资源整合的途径和载体，统筹规划，形成多个相互交叉的教育资源辐射源，把社会和各个子系统中的思想政治教育资源优化整合起来。例如，积极引导各类城乡基层自治组织、人民团体、社会团体、行业组织、各种博物馆、展览馆、历史文化遗址、革命旧址等机构支持大学生思想政治工作，以此建立高校思想政治教育社会资源体系。

二、时间资源和信息资源的整合

（一）时间资源的整合

整合资源也要整合时间，时间资源在高校思想政治教育中是相当重要的资源。高校要想注重思想政治教育的时间投入，追求教育效率和效能，就要优化整合思想政治教育的时间资源。时间的无限性往往导致人们忽视时间的存在，似乎时间是取之不尽、用之不竭的，这种观点是错误的。对于有生命的个体而言，时间是极为有限的。特别是社会快速发展的今天，知识更新迅速，新的科学技术要尽可能快地转化为生产力并创造巨大的社会财富，一切都离不开时间的节约和时间成本的降低。对于高校思想政治教育而言，整合时间资源意味着对个体生命的尊重，时间是发挥人生潜能、创造智慧和生产精神产品的重要土壤。因此，应该对时间成本进行计划、控制和管理，树立时间资源的价值观，把时间的统筹和管理贯穿于高校思想政治教育的全过程。

1.时间资源的构成

时间是将人类所能感知的自然与社会的变化流逝作为认识和研究对象的资源，人们将其作为资源，是考察时间的性质、结构、形态，探究其管理和使用的一般规律，并运用掌握的这种规律去指导自己的行动，使人类的活动更有效率，从而相对延长生命长度的过程。时间是一种稀缺资源。思想政治教育中时间资源的构成主要有以下三个方面。

（1）社会时势：审时度势

俗语说“时势造英雄”，指的是社会能够造就英才。换句话说，时势之所以能造英雄，是因为人能够蓄势而动，根据当时的情势，谋定而后动，方能胸有成竹。“审时度势”是古代兵家必须要掌握的一种战术，只有看清形势，知己知彼，才能百战不殆。对于教育者而言，教学中只有贯穿时势的解析，做到“两耳听闻天下事”，摆脱“一心只读圣贤书”的狭隘，才能拓宽学生的视野，使他们的发展符合社会发展的要求，才能够成为全面发展的“社会人”。因此，不管在何时何处，把握时势，审时度势，是我们做好高校思想政治教育工作各项事情的关键。

那么“时势”究竟何所指，和与其一字之差的“时事”又有什么区别呢？时势就是社会一段时间内的客观形势。上至国家，下至百姓，都可以成为社会热点问题。事件的发起者，重大的政治、经济、文化问题，社会性的体育活动，以及个别公众的特殊遭遇，只要具有典型意义或重大价值，都能够引起公众的普遍关注，使之成为社会热点问题，并由这些问题在公众中的流行，体现出当今社会和公众内心的一种势态和趋向。同时，时势也表示一件事情在现如今的外在表现和发展的趋势。而时势与时事虽然有一定的关联，但是区别很大。时事表示的是当今社会上即时发生的各种社会热点问题，而时势则是通过这些热点问题的发生体现出的当前情势和趋势。

时势代表着一种态势，一种格局，它是变动的，因此对个人和集体的作用也不总是相同的。而人则应该随着社会具体情境的变化而变化，正如庄子所提出的“与时俱化”。“与时俱化”是根据具体情景的特点，选择与之相适应的行为方式。行为的这种灵活性、变通性，体现了人与外物、人与境遇之间的内在统一。

（2）教育时机：独辟蹊径

《论语•述而》中有言："不愤不启，不悱不发，举一隅不以三隅反，则不复也。"孔子的训导表明当学生处于"愤"或"悱"的状态时，教育者的启发应当如"知时节"的"好雨"一般，要抓住教育的时机。所谓教育时机是受教育者在内在准备的基础上由外部诱因引发的迫切需求某种教育的时刻。当学生在渴求爱护、引导和帮助之时，受教育者心理上出现矛盾激化之时，都是进行思想政治教育的好时机。这时，受教育者往往会以各种方式发出渴望关注的信号，思想政治教育者应善于通过观察学生的言行和举止，及时、准确地捕捉到教育时机，才能促进思想政治教育目标的实现。

在高校思想政治教育的过程中，首先受教育者受不同时间段情绪波动和心理变化的影响，会对所收到的信息进行有选择性的接受。例如，一定的时间内，人可能对感官上接收的信息产生积极的反应，而在有些时候，则可能产生消极的反应，甚至会有抵触的情绪。其次，受教育者对信息的接收，还受原有价值观念的影响。受教育者在接受思想政治教育的时候，并不是一张"白纸"，而是在社会生活中已形成了不同层次的价值观念，而那些价值观念对思想政治教育信息可能造成消减甚至抵消的影响。在这种教育背景下，思想政治教育要通过教育时机的挖掘，找到沟通和连接大学生思想实际的蹊径。

（3）教育时效：瞬间效益

"时间就是金钱""寸金难买寸光阴"等俗语从经济的角度表达了时间的可贵，警示人们要珍视时间。爱因斯坦的狭义相对论揭示出时间的特性随着物质运动速度的变化而变化，同一个时钟的时间间隔性在不同的物质运动体系中也是不一样的，会随着运动速度的增加而变慢，运动的速度越快，指针的速率就变得越慢。也就是说，时间是以物质的运动速率为标准的。如人们的速率越快，单位时间中人们所做的事就越多，所拥有的时间相对也就越多。

时间是物质存在和运动的基本形式，是教育活动得以进行的必要因素，正如有位学者所指："时间是教育王国的金钱，教育需要时间，它可能而且确实是发生在时间中的任何一个瞬间的过程。"而教育时效的提出是借助经济学的原理和方法，把师生耗费于教育活动的时间视为投入的成本，把师生通过单位时间教育活动所获得的身心发展视为产出，而两者之比即为教育时间效益。教育时效概念的提出将时间因素纳入教育的经济效益分析之中，突出了时效的重要性。

2.时间资源的特征

高校思想政治教育时间资源具有连续性、稀缺性、专有性、不可再生性等特征。高校应准确把握这些特征，并针对目前在时间资源整合中所存在的主要问题，比如思想政治理论课的课堂时间利用不充分、专业课的课堂时间育人内容匮乏、课堂外的时间资源被忽视等，探索新途径。这些新途径包括：提高课堂时间效益、捕捉特殊教育时机、实现高校思想政治教育日常化和生活化，等等。

高校思想政治教育如果不整合好时间资源，也就意味着失去了未来的发展空间。只有保证一定量的时间投入和一定质量的时间使用，才能保证思想政治教育拥有强大的生命力和实效性。因此，各高校应组织思想政治教育工作者积极研究、掌握时间资源的性能、特点，明白该何时教育、教育多长时间、在具体的时间又该配以怎样的教育内容和方式方法等，做到科学合理地整合时间资源。

（1）资源耗用的连续性

时间最基本的特征就是“一维性”“不可逆性”，它只有从过去、现在到将来的一个方向，一去不复返，永不停息。高校对思想政治教育时间资源的耗用无论是自觉还是不自觉、是有意识还是无意识，也无论是否真正使用了时间资源开展教育活动，时间的流逝都是持续进行、没有间断的，也没有任何力量能够阻止这一进程。

（2）资源数量的稀缺性

正如经济学原理指出的那样，资源总是稀缺的，时间资源也不例外。尽管从时间本身而言，时间是永恒的、无限的，是无始无终、无尽无休的，但对每个生命个体或具体事物而言，时间则是稀缺的、有限的，是有始有终、有尽有休的。而对高校思想政治教育来说，时间资源就更为有限了，它所涉及的仅仅是大学生人生成长过程的一个极短暂的阶段——大学阶段而已。因此，有效利用思想政治教育时间资源，尤为迫切。

（3）资源使用权的专有性

俗话说：“寸金难买寸光阴。”这不仅是因为时间的易逝性，更是因为时间资源的专有性、独占性和排他性。高校之间不能相互借用、转让或买卖时间资源，时间资源是不具有任何流动性的。高校只有使用好自己所拥有的所有思想政治教育时间资源，才能真正做到对学生负责、对社会尽责。

（4）资源本身的不可再生性

时间资源的使用具有一次性的特征，它包含两方面的含义，一方面是指过去的时间不可能再追回来，另一方面是指个体在不同生命阶段的异质性导致时间资源的利用受到相当程度的限制。比如，高校只能在新生入学时开展入学教育，如果等到毕业时再开展入学教育，则毫无意义。时间资源的这种一次性、不可再生性，决定了高校思想政治教育必须善于捕捉“时机”、把握当下。

3.时间资源整合的途径

成功的高校思想政治教育是建立在对时间的科学有效的使用上的。鉴于当前高校在高校思想政治教育时间资源整合中存在的种种问题，高校必须更新观念、创新途径，加大时间资源的开发力度，提高时间资源的利用效益。

（1）精心设计，最大限度提高课堂时间的育人效益

课堂是对大学生进行思想政治教育的主要场所，也占据了大学生学习、接受教育的绝大部分时间。因此，整合好所有课堂时间资源既是提高高校思想政治教育实效性的首要一步，也是关键一步。

首先，思想政治理论课教师要不断提高自身的政治理论素养和教学能力，不断更新教学内容，创新教学方法，改善教学手段，充分把握好、利用好每一个“45 分钟”，全面系统而又简明扼要、引人入胜地把马克思主义理论讲深、讲透、讲活，引起学生的共鸣、兴趣和强烈的好奇心，从而增强思想政治理论课课堂教学的吸引力和感染力，实现课堂时间效益的最大化。

其次，专业课教师要不断提高自身的认识和思想政治教育意识，树立教书育人的观念，认真履行教师的育人职能，还要努力增强本领，提高自己深入挖掘蕴涵在专业课程中的思想政治教育资源的能力，结合自己所教课程的特征以及学生的特征，得心应手地把思想政治教育融入专业课程的教学之中，在给学生传授学科知识、训练专业技能的同时，加强对学生进行技术伦理、科技道德、人文精神等思想观念和行为规范方面的教育，充分发挥专业课程的思想政治教育功能和渗透作用，使学生在学习科学文化知识的过程中，自觉加强思想道德修养，提高政治觉悟，从而实现“成材”教育与“成人”教育的有机统一，实现课堂时间利用率的成倍提升。

（2）留心观察，捕捉各种特殊的教育时机

机不可失，失不再来。时机对于任何工作的圆满完成都至关重要。高校思想政治教育也应准确捕捉、选择、利用各种教育的最佳时机对学生实施教育，以取得事半功倍的效果。

首先，要及时捕捉大学生在校期间各种具有转折性或阶段性标志的时机。例如，大一新生入学，标志着大学生活的开始、人生成长过程中一个新阶段的开端，也正是大学生渴求得到帮助、指引、导向或教育的关键时刻。高校应积极回应大学生的这种需求，充分利用这一时机开展教育。第一，组织军训，帮助大学生快速走出高考后的那种极度

放松的状态，从生理、心理、思想多方面进行强化，使其在走步、整队的简单动作中，深刻体会大学生所肩负的重大历史使命，在增强国防知识的同时增强爱国热情，树立纪律意识和培养艰苦奋斗的作风。第二，实施校史校情教育，帮助大学生尽快了解、接纳自己的学校，进而热爱自己的学校，愿为学校的建设发展添砖加瓦，培养学生的高度责任感。第三，开展校规校纪教育，专门组织学习《大学生手册》及相关的规章制度，使大学生在这些规章制度的规范约束之下，获取一定的思想政治认知，并快速实现角色转换，适应大学生活。再如，还可利用期中、期末考试前的特殊时机，开展诚信教育；利用考试后的时机召开总结会，防止骄傲情绪的滋生或悲观思想的出现；利用临近毕业的时机，开展毕业、就业指导教育，帮助学生树立正确的就业观和择业观，等等。

其次，要及时捕捉各种传统节庆日、重要历史人物或历史事件的纪念日的时机。比如充分利用春节、清明节、端午节、中秋节、“五一”劳动节、“五四”青年节、“十一”国庆节、“一二•九”运动纪念日、抗日战争胜利周年纪念日等重要节庆日和纪念日，举办主题鲜明、形式活泼的各种活动，让学生在体验活动的过程中，自觉自愿地接受思想政治教育。

最后，要及时捕捉国内外重大事件或突发事件发生的时机。“两耳不闻窗外事，一心只读圣贤书”的时代早已远去，当今时代的大学生思想活跃，信息灵通，他们关心时事，关注国内外发生的大事件。思想政治教育工作者应“投其所好”，针对国内外发生的大事件，在大学生中开展热烈的讨论和积极的引导，这不仅能增强思想政治教育的时代感，还能增强思想政治教育的吸引力和实效性。比如，思想政治教育工作者可以通过参与北京奥运会、上海世博会、全国大学生“挑战杯”科技作品竞赛等活动对大学生进行爱国主义教育，通过组织师生为灾区人民捐款捐物对大学生进行社会主义道德教育等，这种教育方法比单纯地进行理论灌输，往往更容易让学生接受并外化为自己的实际行动。

（二）信息资源的整合

信息资源，即参与高校思想政治教育活动并有助于思想政治教育目标实现的各方面的信息组合，包括上级领导部门的目标性、政策性信息，来自教育对象和教育者自身的信息以及社会信息、理论和历史信息、国际信息等。随着经济的持续发展、科技的不断繁荣和社会的日益进步，信息化已逐步融入各行各业，融入人们的工作和生活。当人们意识到信息的巨大作用时，当信息潮水般涌来的时候，信息资源整合这一严肃而重大的课题已十分迫切地摆在我们的面前，给高校思想政治教育工作者带来了一定的挑战。

1.信息资源的含义

高校思想政治教育作为一种实践活动，自始至终都离不开信息的参与。凡在思想政治教育系统中被加以利用、能减少思想政治教育不确定性的东西都是思想政治教育信息。所谓“高校思想政治教育信息资源”，是指思想政治教育者通过一系列的认识和创造过程，采用符号形式储存在一定载体之上的、可供思想政治教育利用的全部信息的总和。其内涵可从以下几方面把握。

（1）高校思想政治教育信息资源是高校思想政治教育者在实施思想政治教育活动过程中所利用、创造的信息的集合。

（2）高校思想政治教育信息资源的产生、存在和发展是为了满足思想政治教育实践活动的需要，减少教育过程中的不确定性。

（3）高校思想政治教育信息资源产生、存在于社会各项活动（包括思想政治教育活动）中，并随着社会的发展和社会活动的开展而不断丰富更新。思想政治教育是一个系统工程，思想政治教育信息资源开发作为思想政治教育系统的有机组成部分，对提高思想政治教育的实效性具有重要意义。

高校思想政治教育信息资源是一个有机的系统，按照不同的标准可以划分成不同的类型，而按照不同的联系方式还可以形成不同的结构模型。从系统论角度看，思想政治教育过程中的每个要素都关乎思想政治教育的效果，它们既是信息的载体，也可以转化为信息本身。据此，高校思想政治教育信息资源可划分为思想政治教育客体信息、主体信息、环境信息和介体信息。而根据信息的来源，思想政治教育信息可以分为内源信息和外源信息。内源信息源于思想政治教育系统内部，与思想政治教育决策、计划、协调直接相关，推动和控制着思想政治教育活动和管理；外源信息源于思想政治教育系统外部，对思想政治教育起到了重要的参考作用。

2.信息资源整合途径

从总体上看，高校思想政治教育信息资源极其丰富。但它要经过一个开发、选择、建构和整合的过程，才能形成一个富有内在逻辑的结构系统。用系统论的观点对高校思想政治教育信息资源进行优化与整合，能为思想政治教育的决策和实施提供科学依据。

（1）高校思想政治教育信息资源要素的完整性。高校思想政治教育信息资源和其他系统一样，都包含着多个作为系统重要组成部分的子系统，这些子系统既是构成思想政治教育信息资源的要素，又是由低一层次的、更小的要素组成。思想政治教育信息资源包含的内容非常广泛，涉及教育过程中的方方面面。在高校思想政治教育信息资源开发中，缺少或只强调某一方面信息资源开发的现象都是不和谐的。因此，在整合思想政治教育信息资源时，首先要坚持开发信息的完整性，注重全面开发包括主体信息、客体信息、介体信息、环境信息等各方面的资源。同时，每个要素又是一个子系统，包含了更多的要素，如思想政治教育介体信息，包括思想政治教育内容、方法等方面的信息。思想政治教育内容方面的信息是由政治教育信息、思想教育信息、道德教育信息、心理教育信息等构成。在坚持思想政治教育信息资源要素完整的同时，应深入分析和了解每个信息子系统或要素的基本状况，对其好坏优劣有个基本判断和把握，使思想政治教育信息系统的要素不断齐全完备。

（2）高校思想政治教育信息资源结构的协调统一。信息系统中各种思想政治教育信息资源不是偶然堆积、任意选择的，思想政治教育信息系统作用的发挥，不仅取决于它由什么样的要素构成，还取决于系统的结构，取决于思想政治教育信息系统内部诸要素的相互作用、联系的方式。作为思想政治教育者，要对高校思想政治教育信息资源的内容进行合理配置，要从总体上加以协调统一，把内部结构方式调整到最佳状态，形成一个组合有序的和谐布局，使之发挥最大的整体功能。具体而言，要根据社会发展的需求和受教育者自身发展的需求，在教育的过程中及时调整思想政治教育信息资源开发的重点，有效地组合不同类型、不同性质的思想政治教育信息资源，使主体信息、客体信息、介体信息、环境信息有效结合，以增强高校思想政治教育的针对性。例如，在教育内容方面，横向上，始终以政治教育为主导，理想信念教育为核心，把思想教育、政治教育、道德教育、心理教育四大内容子系统组合成完善的思想政治教育内容信息体系；纵向上，要立足现实，与时俱进，借鉴历史，面向未来，不断开发、丰富、组合思想政治教育信息资源，以提高思想政治教育信息资源的科学性。

现在的各类教育性媒体、媒介资源都是分散在全省各地的、独立核算的经营单位。笔者认为，大家可以以签约的方式加入全省性的互联网平台，共同租用本省网络总公司的传输通道，下传到各媒体媒介，再传播到千家万户。

结 语

新时代下，高校思想政治教育面临新的发展形势、新的发展机遇、新的发展挑战，担负着新时代赋予的艰巨任务和光荣使命。思想政治工作不是可有可无的，而是必不可少的。

笔者通过多年的课题研究，以及从事思想政治教育工作的心得撰写此书，希望为高校思想政治教育工作贡献自己的一份力量。

在撰写此书的过程中，笔者得到了相关同仁以及家人的大力支持，在此表示诚挚感谢！笔者对此书进行了多次修改与完善，但由于笔者水平有限、笔力不强，瑕疵和错误之处恳请读者在阅读的过程中，给予批评、指正。

参考文献

[1]（德）马克思，恩格斯.马克思恩格斯选集[M].中共中央马克思恩格斯列宁斯大林著作编译局编译.北京：人民出版社，2012.

[2]（美）詹明信.晚期资本主义的文化逻辑[M].张旭东编，陈清侨等译.北京：生活·读书·新知三联书店，1997.

[3]（德）霍克海默，阿道尔诺.启蒙辩证法[M].渠敬东，曹卫东译.上海：上海人民出版社，2006.

[4]（英）伊格尔顿.历史中的政治、哲学、爱欲[M].马海良译.北京：中国社会科学出版社，1999.

[5]（英）巴特勒.解读后现代主义[M].朱刚、秦海花译. 北京：外语教学与研究出版社，2010.

[6]陈嘉映.海德格尔哲学概论[M].北京：生活·读书·新知三联书店，2005.

[7]（美）马克·波斯特.第二媒介时代[M].范静哗译.南京：南京大学出版社，2000.

[8]（加）罗伯特·洛根.理解新媒介[M].何道宽译.上海：复旦大学出版社，2012.

[9]（美）保罗·莱文森.新新媒介[M].何道宽译.上海：复旦大学出版社，2011.

[10]（美）保罗·莱文森.软利器：信息革命的自然历史与未来[M].何道宽译.上海：复旦大学出版社，2011.

[11]（美）尼尔·波兹曼.娱乐至死[M].章艳，吴燕莛译.桂林：广西师范大学出版社，2009.

[12]（澳）格雷姆·特纳.普通人与媒介：民众化转向[M].许静译.北京：北京大学出版社，2011.

[13]（加）马歇尔·麦克卢汉.理解媒介：论人的延伸[M].何道宽译.南京：译林出版社，2011.

[14]（荷）约斯·德·穆尔.赛博空间的奥德赛[M].麦永雄译.桂林：广西师范大学出版社，2007.

[15]（美）马克 · 波斯特.信息方式：后结构主义与社会语境[M].范静哗译.北京：商务印书馆.2000.

[16]王学俭，刘强.新媒体与新媒体时代高校思想政治教育[M].北京：人民出版社，2012.

[17]王虹，刘智.新媒体时代高校思想政治教育创新研究[M].北京：中国社会科学出，2012.

[18]蔡帼芬.媒介素养[M].北京：中国传媒大学出版社，2005.

[19]戚长春.网络思想教育新论[M].开封：河南大学出版社，2006.

[20]宫承波.新媒体概论[M].北京：中国广播电视出版社，2009.

[21]（英）弗兰克 · 韦伯斯特.信息社会理论[M].曹晋等译.北京：北京大学出版社，2011.